Johannes Grotzky

Warum Journalist werden?

Beiträge aus der Praxis

Johannes GROTZKY, Dr. phil. (*1949)

Studium der Slavistik, Balkanologie und Geschichte Ost- und Südosteuropas in München und Zagreb. Weitere Studienaufenthalte in Belgrad, Sarajevo und Skopje. 1983-1994 ARD-Korrespondent in Moskau und Wien (Südosteuropa). Anschließend Chefkorrespondent, Chefredakteur sowie 2002-2014 Hörfunkdirektor des Bayerischen Rundfunks.

Honorarprofessor für Osteuropawissenschaften, Kultur und Medien an der Universität Bamberg.

Johannes Grotzky

WARUM JOURNALIST WERDEN?

Beiträge aus der Praxis

BoD

Umschlaggestaltung: Swift Publisher
Herstellung und Verlag: BoD - Books on Demand, Norderstedt
ISBN: 978-3-75282-370-7
Printed in Germany

Inhalt

Halb im Scherz und halb im Ernst

Halb im Scherz und halb im Ernst warne ich immer davor, Journalismus an der Universität zu studieren. Man kann zwar studieren, wie man publizistische und journalistische Arbeit bewertet. Man kann den Unterscheid zwischen Bericht, Kommentar, Reportage, Feature, Glosse und anderen Darstellungsformen erlernen. Auch über Krisen- und Kriegsberichterstattung kann man an der Universität Seminare besuchen. Doch der wirkliche Journalismus ist von vielen Faktoren bestimmt, die nicht an der Universität unterrichtet werden können.

Das gilt zunächst für den Zeitfaktor.

Journalistische Arbeit steht vor allem im aktuellen Bereich unter einem enormen Zeitdruck. Oft sind nur wenige Minuten Zeit, um eine Meldung zu schreiben. Die aktuellen Ergebnisse einer Pressekonferenz werden vor Ort weiterverarbeitet. Eine das Ereignis begleitende Berichterstattung ist immer etwas Unfertiges. Mit fortlaufender Entwicklung muss die Darstellung nachjustiert, mit neuen Fakten und Erkenntnissen erweitert werden. Das gilt um so mehr im Zeitalter des Internets.

Der nächste Punkt ist der menschliche Faktor.

Journalismus ist Kommunikation mit Informanten und dem Publikum. Der Erfolg bei einem Interview oder das Recherchegespräch hängen davon ab, ob ich einen emotionalen Zugang zu den Gesprächspartnern finde. Hinzu kommt bei Einsätzen im Ausland, dass man die Fähigkeit erwerben muss, mit Hilfe eines Dolmetschers ein Vertrauensverhältnis zu seinen Informanten aufzubauen. Denn nicht jeder Auslandskorrespondent, nicht jede Auslandskorrespondentin beherrscht alle Sprachen, die in den meist großen Einzugsbereichen ihrer Korrespondentenplätze gesprochen werden. Eine gründliche inhaltliche Vorbereitung ist ohnehin selbstverständlich. Eine solche Gründlichkeit wird durchaus im wissenschaftlichen Unterricht vermittelt. Aber der Umgang mit Menschen lässt sich nicht durch ein Lehrbuch vermitteln.

Weitere Faktoren sind Belastbarkeit, Distanz zum Geschehen und Konzentration in angespannten Situationen. Wer in einem Krieg als Reporter oder Reporterin eingesetzt ist, muss auch das Grauen mit der Distanz des Beobachters schildern können, ohne in einen emotionalen Aufschrei oder in persönliches Engagement zu verfallen. Hinzu kommen die Belastung durch Dauereinsätze und – im Ausland – oft mehrstündige Zeitverschiebungen. Wer live aus fernen Ländern berichten muss, verzichtet auf einen Teil seines Privatlebens, um tagsüber dort zu recherchieren und darüber nachts – in Deutschland also am Tag – zu berichten.

Trotz allem ist jedoch jedes Fachstudium eine sehr gute Voraussetzung für die journalistische Arbeit. Je mehr Fremdsprachen, desto besser. Das ist in einem Kommunikationsberuf selbstredend. Aber egal ob Wirtschaft oder Recht, ob Geschichte oder Philologie, ob Naturwissenschaften oder Medizin – mit jeder Fachrichtung lässt sich erfolgreich ein Weg in den Journalismus finden, auch wenn letztlich jeder Journalist auch Generalist ist, der sich schnell in völlig neue Sachgebiete einarbeiten muss.

In den Bereich von Wahrheit und Wahrhaftigkeit gehört die Unterscheidung zwischen geprüften Fakten und den darauf basierenden Schlussfolgerungen, aber auch der Mut, sein Nicht-Wissen zu erkennen und einzugestehen. Auch der Journalist hat das Recht und die Pflicht zu sagen: „Das weiß ich nicht." Oder auch: „Diese oder jene Behauptungen lassen sich nicht belegen." Und der Journalist hat auch die Pflicht, seine Quellen zu nennen, soweit er damit nicht seine Informanten gefährdet.

Im Wesentlichen sind alle diese Aspekte des journalistischen Handwerks auch Gegenstand einer Arbeitsethik, über die sich der Journalist selbst immer wieder einmal Rechenschaft ablegen sollte. Für Berufseinsteiger ist es daher immer sinnvoll, sich mit älteren Kolleginnen und Kollegen zu beraten. Die Erfahrung in der Praxis ist unbezahlbar, findet sich in keinem Lehrbuch und hält sicher manche Überraschungen und auch Enttäuschungen bereit. Im Rückblick fällt es leichter, jüngeren Kollegen gegenüber Fehler einzugestehen. Zwei solche Fehler kann ich hier zum Besten geben. Einer davon ist der falsche Umgang mit der Geographie:

Als junger Korrespondent begleitete ich in Moskau zur Sowjetzeit eine große Demonstration. Mit Harmonika, Trommeln und Trompeten marschierten die Demonstranten zu markigen Melodien durch die Stadt. Sie trugen Plakate mit der Aufschrift: „Gegen Atomraketen in Ost und West". Ich interpretierte dies sofort als ein Bündnis mit den westlichen Gegnern von Atomraketen und war überrascht, dass in der damaligen Sowjetunion auch offen gegen Atomraketen im eigenen Land demonstriert werden durfte. In diesem Sinn begann ich meine Reportage in das Mikrofon zu sprechen, damit ich als Radioreporter später mit einem authentischen O-Ton von der Demonstration die Sendung beginnen konnte. Dann begann ich mit den Interviews. Was war der Anlass für die Demonstration? Wer hat sie organisiert? Sind die Demonstranten freiwillig hier oder von ihrem Arbeitsplatz delegiert worden? Auf alles bekam ich freimütige Antworten. Dann die Frage, warum sie gegen Atomraketen im eigenen Land demonstrierten, während die Politik doch auf atomare Abschreckung setze. Unverständnis bei meinen Interviewpartnern. Was ich denn damit meine, entgegneten sie. Ich zeigte auf die großen Plakate mit der Losung: „Gegen Atomraketen ist Ost und West". Das beträfe doch auch das eigene Land, also die Sowjetunion, meinte ich. Doch damit löste ich nur Lachen aus. Nein, hieß es, damit sei doch nicht die Sowjetunion gemeint. Es ginge beim Westen um die aggressive Nato und beim Osten um das aggressive Japan. Die Sowjetunion sei doch nur das Opfer von beiden und läge in der Mitte zwischen Ost und West.

Mein Fehler war offenkundig. Ich hatte meine politische Geographie von Deutschland mit nach Russland genommen und meinte, die Menschen wähnten sich im Osten. Stattdessen sahen sie sich als das bedrohte Zentrum zwischen zwei anderen Welten.

Wer nach China kommt, wird dasselbe erleben: Nämlich das Bewusstsein, man befinde sich im Zentrum und nicht an einer

Peripherie. Nicht unähnlich war das Verhalten meiner italienischen Nachbarn in München, denen ich sagte, ich fahre nach Südtirol. Nein, meinten Sie, sie kämen aus dem Süden, aus Sizilien. Ich dagegen würde nach Norditalien fahren.

Über Jahrzehnte haben wir ein Bild von Osteuropa gepflegt und meinten damit politisch den Ostblock einschließlich unserer Nachbarn Polen, Ungarn und der damaligen Tschechoslowakei. Doch auch zu sozialistischen Zeiten stand in polnischen Schulbüchen: „Polen liegt im Herzen Europas". Und als der tschechische Schriftsteller und Bürgerrechtler Pavel Kohout 1978 von Prag nach Wien kam, wurde er bei einer Vortragsveranstaltung angekündigt als ein „Kronzeuge aus dem Osten Europas". Kohout korrigierte diese Darstellung mit dem Worten: „Ich komme aus Prag. Und Prag liegt westlich von Wien." Auch hier galt, dass wir zu schnell eine politische Geographie auf die wirkliche Geographie projizieren. Das erzeugt Fehlsichten und Fehlurteile, die sich nicht nur publizistisch, sondern auch politisch auswirken können.

Ein anderer (und hier mein zweiter) Fehler ist das mangelnde Vorstellungsvermögen von völlig überraschenden politischen Positionswechseln. So schrieb ich einen flammenden Kommentar darüber, dass der damalige deutsche Bundeskanzler Helmut Kohl und der sowjetische Parteichef Gorbatschow vermutlich nie mehr miteinander würden auskommen können. Der Anlass war ein kurzes Interview im Herbst 1986 von Helmut Kohl, in dem er über Gorbatschow sagte: "Er ist ein moderner kommunistischer Führer, der sich auf Public Relations versteht. Goebbels, einer von jenen, die für die Verbrechen der Hitler-Ära verantwortlich waren, war auch ein Experte in Public Relations."[1]

Für die Sowjetunion war jeder Vergleich mit der Nazizeit der größte vorstellbare Tabubruch, weil das Land die schlimmsten Kriegslasten nach dem Überfall durch die Deutsche Wehrmacht zu tragen hatte. Das schloss für mich jede politische Gemeinsam-

---

[1] Zitiert nach: http://www.spiegel.de/einestages/politiker-entgleisungen-a-946818.html (Aufruf 8. April 2018).

keit von Kohl und Gorbatschow für die Zukunft aus. Doch später vereinbarten ausgerechnet Helmut Kohl und Michael Gorbatschow die deutsche Einheit. Mein vollmundiger Kommentar wurde durch die Realität widerlegt. Ein Blick in die Geschichte lehrt, dass die unglaublichsten Wendungen möglich sind.

Ein Beispiel dafür ist auch die Verleihung der Friedensnobelpreise an den israelischen Ministerpräsidenten Menachim Begin (1978)[2] und später an den Palästinenserführer Jassir Arafat (1994)[3]. Denn beide Politiker galten ihren früheren politischen Gegnern als Terroristen und wurden als solche lange Zeit gegenseitig gebrandmarkt, ehe sie den Weg zu einer gemeinsamen Friedenspolitik fanden.

Diese Möglichkeit zum politischen Wandel im Kopf zu behalten, also „einen kühlen Kopf" bewahren, gehört auch zu den Grundlagen des Journalismus. Und ich muss im Rückblick bekennen, dass ich zuweilen diesen „kühlen Kopf" nicht bewahrt habe.

Nun beschriebt dieses Buch nicht den Weg, wie man Journalist oder Journalistin wird. Stattdessen erläutere ich die Frage, warum man überhaupt Journalist werden soll. Ein weiteres Kapitel kann Orientierung geben im Hinblick auf Grundsatzentscheidungen und journalistische Genres. Dabei werden auch die Verantwortungsbereiche von Etat, Programm und Personal erläutert. Ein weiterer wichtiger Themenschwerpunkt ist die Frage, wie wir informiert werden. Und um es gleich vorweg zu nehmen: Diese Frage muss heute angesichts der unglaublichen Vielfalt und Vielzahl an Informationsquellen ergänzt werden von der Frage „Wie informieren wir uns selbst?". Dem schließt sich ein kurzer Text an, der ursprünglich für Absolventen eines Volontärkurses gedacht war und sich mit dem Übergang von der Ausbildung zur Praxis im Journalismus beschäftigt. Durch zahlreiche Lehrveranstaltungen und Tagungen auch im Ausland sind zwei weitere Aspekte in dieses Buch gelangt: Einerseits geht es um die

---

2 Zusammen mit dem ägyptischen Präsidenten Anwar as-Sadat.

3 Zusammen mit dem israelischen Ministerpräsidenten Jitzchak Rabin und dem späteren israelischen Staatspräsidenten Schimon Peres.

Medienkompetenz, die auch Journalisten selbst erwerben müssen. Andererseits geht es um journalistische Ethik und Standards, die ebenfalls unverzichtbar, aber erlernbar sind und stets einem Wirklichkeitstest in der Praxis unterzogen werden müssen.

Anschließend werden die sozialen Netzwerke auf den Begriff „sozial" hinterfragt. Hier eröffnet sich ein Bereich, dessen Auswirkung auf Meinungsbildungen und Meinungsmanipulation bis heute noch nicht abzusehen ist. Demgegenüber ist das nachfolgende Thema über Krisenberichterstattung und Konfliktfälle für Journalistinnen und Journalisten schon lange und immer wieder erörtert worden. Aus der Sicht des Praktikers habe ich zuweilen mit Stirnrunzeln akademische Abhandlungen dazu gelesen, denen – bei aller Wertschätzung – zuweilen anzumerken war, dass deren Autoren noch nie als Journalisten im Gefechtsfeuer an einer Front gelegen oder bei einem Bombenangriff um ihr Leben gebangt haben. Doch gerade solche Umstände prägen oft die Kriegsberichterstattung nachhaltiger als wir es uns vorstellen können. Zu diesem Themenbereich gehört auch das Gespräch über den „embedded journalist", also den in das Militär einer der Kriegsparteien „eingebetteten" Journalisten, zu dem mein Kollege Henry Jarczyk seine Erfahrungen als Auslandskorrespondent mit beigetragen hat.

Völlig anders steht es dagegen um den Bereich des Kulturjournalismus, der aufgrund meiner eigenen früheren Programmverantwortung am Beispiel des so genannten Kulturradios behandelt wird. Auch wenn es medienspezifische Formen des Journalimus bei Printmedien, im Hörfunk, Fernsehen oder Online gibt, lassen sich dennoch inhaltliche Parallelen über alle Vermittlungsformen hinwegziehen.

Ein heute eher unterschätzter Aspekt ist das Archiv, das für die strukturierte Erfassung von journalistischen Inhalten zuständig ist und diese Inhalte für die Recherche zur Verfügung stellt. Da ich selbst meine Laufbahn in einem Zeitungsarchiv begonnen habe, weiß ich dessen Bedeutung sehr zu schätzen. Die Systematik einer journalistischen Recherche in einem Medienarchiv sollte nicht durch den fremdbestimmten Algorithmus einer Suchmaschine im Internet ersetzt, sondern im besten Fall ergänzt werden. Das schließt natürlich mit ein, dass inzwischen zahlreiche Archive online aufbereitet und nutzbar sind.

Am Schluss dieses Buches erlaube ich mir noch wegen meiner eigenen Fachrichtung einen Blick über die Grenzen nach Osteuropa. Zunächst geht es um den Wandel des Russland-Bildes in den deutschen Medien. Geprägt von der politischen Agenda und den jeweils obersten Repräsentanten, haben wir von Gorbatschow über Jelzin bis Putin eine deutlich belegbare Veränderung festzustellen. Diese Bestandsaufnahme zeigt, dass der Journalismus der politischen Konjunktur folgt und nicht umgekehrt. Ein anderer politischer Wandel in den Reformstaaten des östlichen Mitteleuropas (früher schlicht *Osteuropa* genannt) war von einem Medienwandel begleitet worden, der in seinen Anfängen einem Medientransfer von West nach Ost entsprach. Dem folgte dann aber ein emanzipatorischer Akt, manchmal auch politisch gesteuert, der die heutige Medienlandschaft in den ehemaligen Reformstaaten zu prägen begonnen hat.

Zu guter Letzt wurde in einem Interview für die Studierenden noch einmal summarisch aufbereitet, was auch mein Anliegen mit diesem Buch ist: *Interesse am Journalismus* und *Verantwortung für den Journalismus* wecken.

Einige Grundregeln des Journalismus, die immer wieder auftauchen, habe ich in diesem Buch durch eine Umrahmung hervorgehoben.

Mehr als vier Jahrzehnte habe ich im Journalismus gearbeitet, als Redakteur, Auslandskorrespondent, Chefredakteur und Programmdirektor. Sehr früh fing ich an, mein Fachgebiet Osteuropa und den Journalismus für den Unterricht an der Universität zu verbinden – zunächst in München, dann in Bamberg. Hinzu kamen zahlreiche Einsätze vor allem an Medien- und Bildungseinrichtungen in Russland, der Ukraine, Georgien und dem Balkan. Während dieser Tätigkeit sind die meisten Texte entstanden, die teilweise als Vorträge oder als Aufsätze[4] veröffentlicht und

[4] Belege aus sozialen Netzwerken wurden für dieses Buch teilweise aktualisiert.

hier nun zusammengetragen wurden. Zuweilen ist dabei der Charakter des gesprochenen Wortes erhalten geblieben, weil ich nicht nachträglich dem Text mehr Gewicht verleihen wollte, als er ursprünglich hatte. Außerdem werden einige Gedanken wiederholt geäußert. Sie sind aber in dem jeweiligen Sachzusammenhang unverzichtbar. Kapitel, zu denen es keine Quellenangabe gibt, wurden als Originalbeitrag für dieses Buch geschrieben.

Im meinem Lebensweg habe ich vielen Kolleginnen und Kollegen zu danken, die mein Korrektiv waren, die mich gefördert haben und die mir Verantwortung übergeben und mir vertraut haben.

Zwei Namen möchte ich dafür stellvertretend nennen: Die entscheidenden Förderer in meiner beruflichen Laufbahn waren der damalige Hörfunkchefredakteur Hans-Joachim Netzer und Prof. Dr. Albert Scharf, damaliger Intendant des Bayerischen Rundfunks. Mit einem ungeheuren Vertrauensvorschuss hat Hans-Joachim Netzer meine Laufbahn als ARD-Auslandskorrespondent eingeleitet. Mit eben demselben Vertrauensvorschuss hat Albert Scharf mich als Chefkorrespondent zum BR zurückgeholt und die Grundlage für meine weitere Karriere gelegt.

Warum Journalist werden?

Ich bin Journalist geworden – gegen den Wunsch meines Vaters. Er hatte kein Vertrauen zum Journalismus und zu den Journalisten. Damit gehörte mein Vater zu der Mehrheit der Menschen in Deutschland.

Das war vor vierzig Jahren so.

Und das ist auch heute noch so.

Ich zitiere eine Umfrage von 2014 in Deutschland. Welche Berufe haben die höchste Akzeptanz? Das sind Feuerwehrleute, Sanitäter, Pflegepersonal im Krankenhaus, Piloten, Ärzte, Apotheker, Polizisten. Und wer steht ganz unten am Ende der Skala? Welche Berufe haben das geringste Vertrauen in Deutschland? Journalisten und Politiker.

Soll man da wirklich noch Journalist werden?

Ja, man soll.

Warum?

- Weil guter Journalismus zu objektiver Information verhilft.
- Weil guter Journalismus zur pluralistischen Meinungsbildung beiträgt.
- Weil guter Journalismus ein Baustein für eine funktionierende Demokratie ist.

Damit unterliegt der Beruf des Journalisten einem ethischen Anspruch. Genau so wie es auch eine Ethik für Medien überhaupt gibt. Nicht Quote und Profit einer Zeitung oder eines TV-Programms rechtfertigen jeden journalistischen Inhalt. Nein, umgekehrt: Guter Journalismus rechtfertigt die Akzeptanz eines

Mediums in der Gesellschaft und letztlich damit auch die Auflage oder die Einschaltquote.

Das ist ein Ideal. Und das werden wir nicht in jedem Fall erreichen. Aber wir sollen dies als Leitbild anerkennen.

Gelernt habe ich meinen Beruf bei einer kleinen Lokalzeitung in meiner Heimatstadt. Wenn ich dort den Namen des Bürgermeisters falsch geschrieben habe oder ein Datum von einem Ereignis vertauscht habe, dann war der Teufel los. Die kleinsten Fehler wurden gnadenlos kontrolliert. Denn ich traf täglich meine Leser auf der Straße. Dies ist sicher die beste Schule, Verantwortung für sein journalistisches Handeln zu übernehmen.

Auch als politischer Korrespondent in der damaligen Regierungsstadt Bonn konnte mir so etwas passieren. Denn Politiker und politische Institutionen in der ganzen Welt lassen die Medien auswerten. Sie wollen wissen, ob und wie oft sie darin vorkommen, wie sie dargestellt werden. Und sie lieben es, Journalisten zur Rechenschaft zu ziehen. Deshalb ist es wichtig, in der Berichterstattung die immer gleiche Distanz zu allen Politikern und zu allen politischen Richtungen einzuhalten. Dann ist der Journalist nicht erpressbar und er kann nicht missbraucht werden.

Also halten wir die beiden wichtigsten Regeln fest:

- Fakten müssen so korrekt wie möglich recherchiert und wiedergegeben werden.
- Der Journalist muss immer unabhängig von den Personen und Interessen sein, über die er berichtet.

Das klingt auf den ersten Blick ganz vernünftig. Aber in einer großen politischen oder wirtschaftlichen Krise, in der Kriegsberichterstattung oder bei der Arbeit in autoritären Staaten ist das gar nicht so leicht. Dann ist diese Unabhängigkeit eine große Herausforderung und jeder Journalist muss im Konfliktfall von seiner Redaktion und seinem Chefredakteur/seiner Chefredakteurin vor Angriffen geschützt werden.

Die zweite Regel ist uns nicht immer klar. Der Journalist ist neutral. Er ist nicht Kämpfer für Ideen, über die er berichtet.

Eine Ausnahme davon ist der Kommentar. In einem Kommentar darf er jede sachliche Distanz aufgeben. Er darf seine Meinung sagen. Dafür gelten drei Richtlinien:

- Erstens muss es klar sein, dass es sich um einen Kommentar handelt.
- Zweitens muss der Autor/die Autorin eines Kommentars genannt werden.
- Drittens muss der Kommentar optisch oder akustisch deutlich von den Nachrichten getrennt werden.

Ich erinnere mich gut an die Berichterstattung aus dem so genannten arabischen Frühling, der im Dezember 2010 begann. Fast die gesamte westliche Presse jubelte über den Aufbruch der arabischen Welt in ein demokratisches Zeitalter. Dabei gingen oft Informationen und Meinungen durcheinander. Mir fehlten zwei Dinge: Erstens fehlte mir die Distanz zu den Demon-stranten. Sie nutzten zwar Schlagworte von Demokratie. Aber die meisten hatten mit Demokratie keine Erfahrung. Also war auch unklar, was sie wirklich damit meinten. Zweitens fehlte mir in den Berichten der kulturelle und historische Hintergrund über die Lage in Ägypten, Libyen oder Tunesien.

Hätten wir mehr Hintergrundwissen, dann wäre Folgendes nicht passiert: Wir hätten nicht über den ersten angeblich demokratisch gewählten Präsidenten Mohammed Mursi in Ägypten im Sommer 2012 erst gejubelt und ihn dann verdammt, als er ein Jahr später wegen der Unterstützer der Muslimbruderschaft und wegen Hochverrats zu langjährigen Haftstrafen sowie zum Tode verurteilt wurde. Und wir hätten nicht gleich die Verhaftung seiner Vorgängers Husni Mubarak bejubelt, der nach zwei Jahren Untersuchungshaft 2013 wieder auf freiem Fuß kam, nachdem das Verfahren gegen ihn wegen des Todes von 800 Demonstranten eingestellt wurde, wenngleich er später noch wegen Korruption verurteilt wurde. Und wir hätten auch nicht einfach den Sturz des libyschen Diktators Muammar al-Gaddafi 2011 und das Eingreifen westlicher Staaten in Libyen bejubelt, das später der

US-Präsident Obama als den größten Fehler seiner Amtszeit bezeichnet hat.

Wir hätten immer nach dem Motiv der Handelnden forschen sollen und uns fragen sollen, was kommt danach. Jetzt haben konkurrierende islamistische Kämpfer den Staat Libyen zerschlagen. Dort organisieren nun Menschenhändler ein grausames Schauspiel, das uns im Mittelmeer mit vielen Tausenden von toten Migranten konfrontiert.

Oder Syrien: Was wissen und verstehen wir wirklich von dem Bürgerkrieg dort? Aber wir nutzen Videos aus dem Internet, ohne genau zu wissen, wer was wo aufgenommen und ins Netz gestellt hat. Ungeprüfte Informationen werden von allen Konfliktparteien in das Internet gestellt oder sonst irgendwie verbreitet. Deshalb kommen wir damit zur dritten Regel der journalistischen Ethik:

- Journalisten müssen dem Publikum gegenüber Rechenschaft ablegen, woher ihre Informationen stammen.

Journalisten müssen in der Lage sein, die Quellen für ihre Information zu belegen. In diesem Punkt unterscheidet sich der Journalismus nicht von der Wissenschaft. Genau aus diesem Grund nutzt dem Journalismus und der journalistischen Ausbildung eine wissenschaftliche Grundlage. Im Journalismus verwenden viele Kolleginnen und Kollegen eine Formulierung, um ihre Informanten zu schützen. Dann heißt es: Die Fakten stammen aus so genannten „informierten Kreisen“.

Natürlich gibt es Informantenschutz. Manchmal – aber nicht immer – wird dieser Informantenschutz in Deutschland vor Gericht anerkannt. Doch gegenüber dem Chefredakteur muss der Journalist seine Informanten nennen, weil der Chefredakteur oder der Programmdirektor dafür nach außen die Verantwortung trägt. So habe ich das immer praktiziert. Und nur so konnte ich auch Journalisten vor Druck von außen schützen. Auch den gibt es in Deutschland wie in jedem anderen Land.

Jetzt kommen wir zur harten Wirklichkeit dieses Berufes. Und wir kommen zu meinen eigenen Erfahrungen. Als junger Korrespondent kam ich 1983 nach Moskau. Damals herrschte noch der Kalte Krieg. Ich bekam im Büro einen anonymen Anruf. Einige Russlanddeutsche wollten auf dem Roten Platz für ihre Ausreise demonstrieren. Damals war Migration aus der Sowjetunion so gut wie unmöglich. Mit einem Kollegen als weiteren Zeugen fuhr ich an dem genannten Termin zum Roten Platz. Eine kleine Gruppe von fünf oder sechs Leuten versuchte, ein Bettlaken zu entrollen. Dort stand: „SOS – Wir wollen in unser Vaterland“. Es dauerte nur Sekunden. Dann kamen schon die üblichen KGB-Männer, die den Roten Platz bewachten, und Polizeiwagen. Die Menschen wurden vor meinen Augen zusammengeschlagen und abtransportiert. Eine weitere Recherche in diesem Fall war für mich nicht mehr möglich.

Was hatte ich erlebt?

Eine Inszenierung oder echtes Unrecht?

War ich mit Schuld daran, weil natürlich mein Telefon abgehört wurde und ich zum Roten Platz gefahren bin?

Was sollte ich darüber berichten?

Also konnte ich den Vorgang nur so beschreiben, wie ich es hier gerade getan habe.

Ein anderes Beispiel: In Moskau amtierte Jurij Andropow (1982-1984) als Generalsekretär der Kommunistischen Partei. Er war sehr krank und konnte in den letzten Monaten seiner Amtszeit nicht mehr öffentlich auftreten. Westliche Medien spekulierten über Machtkämpfe im Kreml. In der ersten Februarwoche 1984, auf dem Höhepunkt aller Spekulationen, erhielten mehrere westliche Korrespondentenbüros anonyme Anrufe. Der Staats- und Parteichef sei wieder voll genesen. Er werde am nächsten Morgen pünktlich um zehn Uhr mit seiner Wagenkolonne über den Kutusowskij Prospekt in den Kreml ins Büro fahren. An diesem Prospekt liegen zufällig viele Büros westlicher Journalisten. Also hingen die meisten Journalisten am Fenster, als tatsächlich – wie angekündigt – die gigantische Tschajka-Limousine samt den Begleitfahrzeugen und der Polizeieskorte mit hoher Geschwindigkeit Richtung Kreml rasten. Und kurz darauf tickerten die Agenturen: „Andropow wieder im Amt". Ich konnte in meiner Reportage lediglich berichten, dass ich zwar die Wagenkolonne gesehen habe, aber keinen Andropow. Denn hinter den verhängten Scheiben war niemand zu erkennen. Damit blieb ich hinter der Schlussfolgerung anderer Journalisten zurück und meine Gesprächspartner im Radio waren darüber nicht sehr glücklich.

Heute wissen wir: Genau an jenem Tag saß Andropow nicht im Wagen. Er rang im Krankenhaus mit dem Tode und starb zwei Tage später. Eine inszenierte Geschichte.

Genau so schlimm aber sind andere Inszenierungen, auf die Journalisten sehr leicht hereinfallen können. Im Irak-Krieg gegen Saddam Hussein 2003 eroberten US-Truppen die Hauptstadt Bagdad. Der visuelle Höhepunkt war eine Szene, die weltweit als Foto oder im TV dokumentiert wurde: US-Soldaten umhüllten das Gesicht eines gigantischen Denkmals von Saddam Hussein mit der amerikanischen Fahne. Dann wurde das Denkmal gestürzt. Diese scheinbar spontane Aktion war – wie man erst später erfuhr – bereits Wochen vor dem Krieg von einer PR-Agentur ausgedacht und in das Drehbuch der medialen Kriegsführung geschrieben worden. Die Wahrheit hinter dieser Wirklichkeit konnte damals kein Reporter erahnen, der diese Szene live miterlebt und darüber berichtet hat.

Doch selten werden Inszenierungen so schnell entlarvt wie im folgenden Fall der rumänischen Revolution gegen Ceauşescu im Dezember 1989. Im Archiv des rumänischen Fernsehens gibt es bemerkenswerte Filmaufnahmen. Man sieht einen ausländischen Reporter, der todesmutig aus einer Unterführung auf die Straße stürmt. Dabei wird er von der Kamera verfolgt, während er gleichzeitig mit dramatischen Worten die Schrecken der Straßenkämpfe schildert. Zu sehen ist nur der Reporter, aber der Gefechtslärm unterstreicht „authentisch" die gesprochene Reportage. Plötzlich stoppt der Reporter, die Schießerei verstummt. Er macht kehrt, dann gibt er ein Handzeichen, schreit „again" und „cut". Die Schießereien beginnen wieder. Der Mann hetzt erneut die Stufen hoch und wiederholt seinen Reportagetext. Wer jetzt an Zufall glaubt, wird schnell ernüchtert. Denn das „Schauspiel" wiederholt sich ein drittes Mal, bis die Szene der vermeintlich authentischen Reportage sitzt.

Die Wahrheit ist: Es hat Straßenkämpfe gegeben. Die Lage in Bukarest war dramatisch. Menschen wurden getötet. Dennoch widersprach diese Reportage der Wahrhaftigkeit. Und ausgerechnet die Kamera, die der Manipulation diente, hat diesen Verstoß gegen die journalistische Wahrhaftigkeit entlarvt. Selbst wenn Sie als Journalist Augenzeuge sind, können Sie von einfachen Beobachtungen überfordert sein. Das ist eine Erfahrung, die ich vor allem bei der Kriegsberichterstattung immer wieder erlebt habe: Kriegsgräuel in einem Dorf. Menschen liegen blutend am Boden. Wer ist wie schwer verletzt? Wer hat wen aus welchem Motiv angegriffen? Zu welcher Volksgruppe gehören die Opfer? Wie viele Opfer mögen es sein?

Menschen, von Panik erfasst, sind in solch einer Situation nicht die sichersten Informanten. Dennoch gelten die Aussagen der Augenzeugen als vermeintlich „objektive“ Quelle, die dann am Abend weltweit über den Bildschirm flimmern. Dazu kommen andere Inszenierungen, die sich ein Zuschauer zu Hause kaum vorstellen kann. Gegen ein gutes Trinkgeld schießen wilde Gestalten in die Luft. Sie erstürmen leere Häuser und liefern den Kamerareportern auf diese Weise so genannte echte Kriegsbilder. So etwas habe ich in Afghanistan erlebt. Dort war ich als Radioreporter 1987. Doch die TV-Kollegen aus dem Ausland wollten authentische Kriegsbilder. Sowjetische Truppen kämpften damals zusammen mit den afghanischen Regierungstruppen gegen Mudjaheddin und Taliban. Also ließen unsere afghanischen Gastgeber auf einer kleinen Anhöhe eine leere Lehmhütte erstürmen, die mit viel Geschrei und Schießerei in Brand gesetzt und dann noch mit einer Handgranate gesprengt wurde. Krieg live, aber geschauspielt.

Während desselben Aufenthaltes verbreiteten westliche Nachrichtenagenturen: Der afghanische Vize-Verteidigungsminister, ein General, sei im Kampf getötet worden. In der Nacht klopfte es bei mir am Hotelzimmer. Es waren afghanische Regierungsbeamte. Sie sagten, ich solle mich schnell anziehen und mein Tonbandgerät nehmen. Der General lebe und wolle mir ein

Interview geben. Auf abenteuerlichen Wegen wurde ich nachts hinter die Frontlinie gebracht. Dort traf ich einen Mann in Generalsuniform. Er sollte der angeblich getötete Vize-Verteidigungsminister gewesen sein. In seinem Interview schimpfte er auf die USA und auf die verlogene Propaganda des Westens. Dann wurde ich unter militärischem Schutz zurück in mein Hotel gebracht, das auch bereits umkämpft wurde. Wer der Mann in Generalsuniform wirklich war, weiß ich bis heute nicht. Was sollte ich berichten? Ich schrieb eine kurze Reportage und erzählte nur genau das, was ich auch Ihnen hier erzählt habe.

Aber warum wurde gerade ich in Afghanistan ausgesucht für dieses Exklusiv-Interview?

Die Antwort kam ein paar Tage später. Dieselben Regierungsbeamten kamen noch einmal zu mir und meinten: Sie hätten alle Sendungen der Deutschen Welle auf Dari und Paschtu seit diesem Abend aufgezeichnet. Aber leider sei ja dort das Interview mit dem General nicht ausgestrahlt worden. Und dann lernte ich, wie groß die Glaubwürdigkeit eines Auslandssenders war, wenn über diesen Umweg die eigenen Militärs und Politiker zu Wort kommen.

Zum Abschluss ein letztes Erlebnis aus Jugoslawien. Ich hatte in Jugoslawien fast zwei Jahre studiert. Und bevor der Krieg ausbrach, war ich immer der Meinung: Ich kenne das Land sehr gut. Niemand wird hier einen Krieg beginnen. Dafür hat Jugoslawien im Zweiten Weltkrieg und im Partisanenkrieg zu viel gelitten. Ich habe mich getäuscht. Und ich habe gelernt, dass man als Journalist trotz besserem Wissen auch das Undenkbare einkalkulieren muss. Mitten im Krieg traf ich mich mit dem Regierungssprecher einer der Republiken, die unabhängig werden wollten. Ich sage hier nicht, welche.

Der Mann war gut informiert und kannte meine Bücher, die ich bisher geschrieben hatte. Dann fragte er mich: „Möchten Sie nicht ein Buch über unsere Republik und ihren Anspruch auf Unabhängigkeit schreiben?“ Ich war verblüfft. Doch noch bevor ich antwortete, meinte er: „Das Skript ist bereits fertig. Sie können es noch einmal durchsehen und dann unter Ihrem Namen in

Deutschland drucken lassen. Die Druckkosten übernehmen wir."

Das allerdings wäre der schlimmste Verstoß gegen die journalistische Ethik. Ich weiß nicht, was in dem Skript stand. Aber es widerspricht dem Gebot der Wahrhaftigkeit, wenn der Journalist seinen Namen hergibt, um die Interesse von jemand anderem zu vertreten.

Noch problematischer ist die Lage heute: Es gibt viele Fälschungen im Internet. Die digitale Fotografie hat es leichtgemacht, Bilder zu verändern. Sie sollen Beweis sein für etwas, was in Wirklichkeit nie passiert ist. Hinzu kommt die Gefahr von Copy-and-Paste. Zu schnell wird in der Praxis aus dem Internet etwas übernommen: Texte, Fotos, Videos. Das landet dann schnell in anderen Nachrichtenforen. Eine gefährliche Praxis, die den ethischen Prinzipien des Journalismus widerspricht. Denn dadurch werden Verzerrungen und Falschmeldungen nur noch multipliziert. Manchmal dient es auch schlicht der politischen Propaganda.

Um uns dagegen zu wappnen, brauchen wir gute, verantwortliche Journalisten. Und wir brauchen das Bekenntnis zu einer journalistischen Ethik im Journalismus. Diese Ethik ist ausschließlich der Wahrheit und der Wahrhaftigkeit verpflichtet. Dazu gehört aber auch der Mut des Journalisten zu sagen, was er nicht weiß. Das ist immer noch besser, als etwas zu erfinden oder zu inszenieren.

Journalismus ist ein sehr anspruchsvoller und erfüllender Beruf. Dieser Beruf kann Freude bereiten und Anerkennung bringen, wenn man gut arbeitet. Doch jeder, der sich dafür entscheidet, soll sich mit einem Grundgerüst wappnen, das immer hilft, den richtigen Weg zu gehen. Zu diesem Grundgerüst gehören fünf wichtige Fragen, die für einen guten Journalismus entscheidend sind. Diese Fragen sollte jeder Berichterstatter, jede Berichterstatterin erst für sich selbst beantworten, bevor er oder sie über etwas berichtet:

- Wer?
- Was?
- Wann?
- Wo?
- Wie?

All dieser Fragen gehören zum Handwerkszeug einer gründlichen, journalistischen Recherche. Erst danach erfolgt der wesentliche Schritt, der zur wirklichen Einordnung eines Sachverhaltes oder Ereignisses unerlässlich ist. Denn aus obigen Fragen leitet sich die abschließende Frage ab:

- Warum?

Wenn man alle diese Fragen stellt und auch Antworten darauf findet, dann wird die gesamte Breite der journalistischen Arbeit abgedeckt. Denn in seiner Wirkung soll der Journalist nicht nur über Fakten informieren und – getrennt davon – kommentieren. Seine Arbeit soll auch dazu dienen, Zusammenhänge zu erkennen. Sein Publikum soll die Gründe verstehen, warum was wo und wie geschieht.

Orientierung im Journalismus

Wer die Schönheiten der Natur, die Dramen des Lebens, die Leidenschaften der Liebe und die Tragödien des Leidens beschreiben möchte, der soll besser Schriftsteller werden, aber nicht in den Journalismus gehen. Natürlich gehört auch zum Journalismus eine Berufung, eben eine Neigung wie zu jedem Beruf, den man gerne und gezielt ergreifen möchte. Aber Journalismus ist mehr als nur eine Berufung, der man instinktiv folgt in dem Wissen, die Natur habe einem die Anlagen und Begabungen dafür bereits in die Wiege gelegt. Journalismus ist eine Mischung aus Handwerk und Erfahrung. Obwohl ein abgeschlossenes Studium heute fast immer als Eintrittsvoraussetzung verlang wird, ist es bei der breiten Palette journalistischer Tätigkeiten nicht zwingend notwendig, dass man einen B.A. oder M.A. erworben hat, um sich für den Journalismus zu qualifizieren. Eine gute Allgemeinbildung, die Beherrschung der Sprache in Wort und Schrift, verbunden mit einem Volontariat oder auch der Besuch einer Journalistenschule sind hervorragende Grundlagen für den Beruf. Wer darüber hinaus ein Fachstudium aufweisen kann, dazu noch neben Englisch ein oder zwei weitere Fremdsprachen beherrscht und sich ein wenig im Ausland und im praktischen Leben umgesehen hat, sticht bei Bewerbungen schon besonders hervor.

Ich erinnere mich an eine Personalauswahl, bei der ich zwischen zwei Bewerbern zu entscheiden hatte. Der eine brillierte mit einem Fachstudium, war Stipendiat einer angesehenen Stiftung, alle Noten waren zwischen „gut" und „sehr gut". Aber dieser Bewerber hatte weder seinen Heimatort noch seinen Studienort verlassen – mehr noch, beide waren identisch. Er hatte kein einziges Praktikum absolviert, keine weiten Reisen gemacht, geschweige denn einen längeren Auslandsaufenthalt hinter sich gebracht. Er war zweifellos hoch begabt, aber nicht risikofreudig.

Seine Mitbewerberin hatte das Gymnasium in Deutschland abgebrochen, eine Fotolehre gemacht, ist dann durch die Welt gezogen, um in einem englischsprachigen Land den High School Abschluss nachzuholen. Anschließend besuchte sie dort ein College und erwarb einen Bachelor. All dies finanzierte sie sich durch eigene Arbeit selbst. Als sie in ihre Heimat zurückkam, brachte sie Erfahrungen mit, die man in keinem Lehrbuch studieren kann. Und sie wurde von mir bei der Bewerbung bevorzugt.

Natürlich gilt in allen Personalfragen Verschwiegenheit. Deshalb kann ich nur sehr abstrakt von diesen Dingen berichten. Aber es sind die eher ungewöhnlichen Bewerbungen, die Unternehmungslust, Riskiofreude, Flexibilität, aber auch Lernfähigkeit zeigen, auf die man aufmerksam wird. Gerade beim Unterricht an der Uni zeigen sich ungeahnte Talente. So hatte ich einen bemerkenswerten Studenten, der – wenn er dies liest – sofort erkennt, dass er gemeint ist: Ich benötigte einen Beamer. Den gab es nicht im Lehrsaal. Ich fragte in die Runde, ob mir jemand dabei helfen könne. Fast alle schauten regungslos vor sich hin. Nur ein junger Mann sprang hoch und sagte: „Ich kümmere mich darum“. Auf meine Gegenfrage, ob er wisse, wo die Beamer stünden, meinte er: „Nein, aber ich weiß, wo der Hausmeister sitzt“. Sich zu helfen wissen, nach Lösungen zu suchen, statt einfach abzuwarten, das hilft im Journalismus sehr. Denn hier verbirgt sich ein wichtiger Zugang zur Recherche. Der junge Student hat auch später immer wieder seine schnelle Einsatzbereitschaft und seine Recherchefähigkeiten unter Beweis gestellt und ist nun schon seit Jahren ein angesehener Auslandskorrespondent.

Im Journalismus gibt es nicht nur eine einzelne Tätigkeit, auch wenn man sich gerne als Reporter und Reporterin sieht, die investigativ arbeiten und dramatische Missstände aufdecken. Das „Schwarzbrot“ der journalistischen Arbeit ist ein Redaktionsalltag, der viel Routine birgt. Doch diese Routine ist wichtig und eine Grundlage des Nachrichtenjournalismus.

Die Nachrichtenredaktion: Egal ob in einer Online-Redaktion, in einer Zeitungs-, Hörfunk- oder Fernsehredaktion, Nachrichten gehören zum Alltagsgeschäft. Online-Redaktionen sind inzwischen rund um die Uhr präsent. Hier beobachten wir eine Entwicklung, die sich verselbständigt. Provider bieten Nachrichtenseiten an, die sich nach einem vorgegebenen Algorithmus aus Agenturmaterial bedienen, und dies gleichzeitig mit Vorabmeldungen von anderen Medien zu demselben Thema „publizieren". Hier sind die Anführungsstriche angebracht, weil diese Meldungen weder verifiziert, noch redaktionell für eine bestimmte Zielgruppe aufbereitet werden. Es ist sozusagen die Rohfassung dessen, was aus vielen Quellen auf den Markt dringt und wie ein Nachrichtensprudel ausgeschüttet wird. Das wirkliche Publizieren von Nachrichtenmaterial findet in einer Redaktion statt. Dort werden Meldungen der Nachrichtenagenturen und von eigenen Korrespondententeams gesammelt, Quellenbelege abgeglichen, andere Medien – vor allem auch online – herangezogen. Nötigenfalls muss von der Nachrichtenredaktion noch einmal nachtelefoniert werden, wenn es sich um ein Ereignis im engeren Berichtsgebiet handelt. Die grundsätzliche Regel in einer Nachrichtenredaktion sollte lauten: Eine Meldung, die weiterverbreitet wird, muss durch zwei Quellen gesichert sein, es sei denn, sie stammt von eigenen Korrespondenten.

Nun macht es überhaupt keinen Sinn, jede Nachricht in jedem Medium weiter zu verbreiten. Dafür hat niemand ausreichend Zeit und Platz. Also muss eine Nachrichtenauswahl getroffen werden. Kriterien dafür sind Wichtigkeit der Meldung sowie das Interesse und die Betroffenheit der Zielgruppe. Hinzu kommt die sprachliche Barrierefreiheit, das heißt, die Sprache des Journalismus soll in jedem Fall verständlich und nicht mit Fremdwörtern überhäuft sein. In einem Jugendprogramm ist es nicht sinnvoll, jede Wendung einer Rentengesetzgebung zu erläutern. Und bei einer älteren Zielgruppe sind die neuesten Nachrichten aus dem Rock- und Popsektor eher zu vernachlässigen. Doch politische Grundinformation über Wahlen und Regierungsbildung, über Kriege und internationale Konflikte sollten sich überall wiederfinden – in der Sprache immer angepasst an die Zielgruppe.

Die aktuelle Redaktion: Das sind zum Beispiel Redaktionen wie *Tagesschau* beim Ersten Deutschen Fernsehen, die *heute* beim ZDF, aber auch Auslandsredaktionen in Zeitungen. Hier werden nicht einfach Nachrichten gesichtet, gewichtet und für eine bestimmte Zielgruppe aufbereitet. Hier werden vor allem die Korrespondentenberichte aus dem In- und Ausland bestellt, bearbeitet und präsentiert. Redakteure stehen dafür in ständigem Austausch mit den Korrespondenten der Außenbüros. Das können regionale Büros sein oder Hauptstadtstudios im In- und Ausland. Ich selbst habe gute Erfahrung damit gemacht, dass ich als Auslandskorrespondent bei einigen solcher Redaktionen feste Ansprechpartner hatte, die meine Arbeit kannten, die wussten, welche Themen ich abseits der Tagesaktualität anbieten konnte und welche Reisen ich in meinem Berichtsgebiet plante. Der Vorteil war, dass sie dann sowohl von mir wie auch von anderen Korrespondentenbüros Themen koordinieren konnten, um daraus einen Programmschwerpunkt zu gestalten. Im Austausch mit den Redaktionen wurden wir Korrespondenten oft auch auf brisante Themen hingewiesen, die aus anderen Quellen in unserem Berichtsgebiet stammten und die wir vielleicht sogar übersehen hatten.

Die Fachredaktion: Dahinter verbirgt sich alles, was für die Publizistik von Interesse sein kann und je nach Zielgruppe von einem Medium für das Publikum aufbereitet wird: Politik, Wirtschaft, Kultur, Sport, Wissen, Medizin, Technik, Digitales, Architektur, Reisen und vieles mehr. Hier haben die Fachredakteure das Sagen, weil sie ihren Bereich bestens kennen und für das Publikum aufbereiten können. Und genau dafür ist jenes Fachwissen gefragt, dass ich mir durch Ausbildung und praktische Erfahrung aneignen muss. So gibt es ausgewiesene Fachleute für Innenpolitik oder Sozialpolitik, für Musik, Theater und Kunst, für Tarif- oder Rentenfragen, für Autos oder die digitale Entwicklung. Im Idealfall sollten diese Fachleute auch den aktuellen Redaktionen und den Nachrichtenredaktionen für Rückfragen zur Verfügung stehen. Also hausintere Kommunikation über alle Tätigkeitsbereiche hinweg ist das Ideal. Oft scheitert es an dem Zeitdruck, unter dem aktuelle Redaktionen leiden, oder auch an der inneren Spaltung von Redaktionshäusern, in denen die Fachjournalisten und aktuelle Journalisten kein echtes Verständnis füreinander entwickelt haben.

Neben den Redaktionsstrukturen gibt es eine Vielzahl von journalistischen Formaten, die sich trotz multimedialer Aufbereitung mit Text, Audio und Video auf wenige *inhaltliche Elemente* zurückführen lassen:

- Die *Nachricht*, die so sachlich und korrekt wie möglich ohne Meinungstendenz aufbereitet wird.
- Der *Kommentar*, der als Meinungsbeitrag gekennzeichnet wird und deutlich von Nachrichten und anderen journalistischen Formen getrennt werden sollte.
- Die *Reportage*, die mit allen medialen Elementen angereichert werden kann und die individuelle Sichtweise der Reporter widerspiegelt, oft als vergrößerter Ausschnitt aus einem komplexen Themenbereich, um an konkreten Beispielen größere Sachverhalte verständlich zu machen.
- Das *Feature*, das die erweiterte Form der Reportage ist, mit allen Elementen von Nachricht, kommentierender Einschätzung, einschließlich des Essays, oft mit künstlerisch gestaltendem Anspruch.
- Das *Interview* als die klassische Form der Vermittlung von Positionen wichtiger Gesprächspartner, wobei die Freigabe des Textes von dem Interviewten, die so genannte Authentifizierung, dem Interview besonderes Gewicht verleiht.
- Das *Streitgespräch* als gemeinsame Vermittlung widerstreitender Standpunkte verschiedener Gesprächspartner. In Live-Sendungen hat dies einen anderen Charakter als wenn ich eine Podiumsdiskussion für die Zeitung zusammenfasse. Dabei übernimmt der Redakteur/die Redakteurin die Moderation, mit der das Gespräch zwar strukturiert, aber nicht manipuliert werden soll.

- *Moderation* und *Moderatoren* sind eine ebenfalls wichtige Vermittlungsform in den elektronischen Medien, denn der Moderator/die Moderatorin sind nicht einfach Sprecher, die einem vorgegeben Text verpflichtet sind, sondern sie prägen journalistisch das Programm, führen inhaltlich zu einem Thema oder zu einer Musik und fassen auch Inhalte für eine abschließende Beurteilung durch das Publikum zusammen. Deshalb halte ich die Moderation für eine besonders anspruchsvolle journalistische Tätigkeit, die einerseits beste Vorbereitung, sehr gutes Allgemeinwissen im moderierten Themenbereich und größte Flexibilität voraussetzt, und dabei persönliche Ausstrahlungskraft mit der Fähigkeit zu nicht eitlem Auftreten verbinden sollte.
- Der *Musikjournalismus* hat einen ganz besonderen Stellenwert im Radio. Denn für die meisten Menschen ist der Einschaltimpuls das jeweilige Musikformat. Das reicht über die Volksmusik, Pop, Rock und Klassik bis zu experimenteller Musik und erfordert für jede einzelne Musikrichtung ein ungeheures Fachwissen.

Hinter all diesen redaktionellen Tätigkeiten und journalistischen Formaten steht eine *Organisationsform*, ohne die in jedem Medium das reinste Chaos ausbrechen würde. Das ist die hierarchische Gliederung in Chefs/Chefinnen vom Dienst, Redaktionsleitungen, Chefredaktionen und Programmdirektionen. Auf all diesen Ebenen gibt es unterschiedliche Zuständigkeiten, die aber immer drei Verantwortungsbereiche umfassen:

- Programmliche Inhalte
- Personal
- Finanzhaushalt

Und in jedem dieser Bereiche gibt es jemanden, der gegenüber der nächsthöheren Ebene Rechenschaft ablegen muss. Am Ende dieser Verantwortungskette stehen Verlagsgesellschafter, Besitzer, Gremien und nicht zuletzt spielen – vor allem im privatwirtschaftlichen Bereich – die Vermarkter der Werbeflächen eine wichtige Rolle.

An dieser Stelle muss auch der Aspekt der Abhängigkeit besprochen werden. Jedes Medium hat entweder aufgrund der Besitzerstruktur oder der gesetzlichen Verfasstheit besondere Aufgaben. Wenn ich für einen Fernsehkanal arbeite, der hauptsächlich Unterhaltungsprogramme für junge Menschen anbietet, dann bin ich dort kaum als Rentenexperte gefragt. Wenn ich mich bei einer Autozeitschrift bewerbe, mir aber alle Technik- und Verkehrsfragen ein Gräuel sind, dann bin ich dort falsch am Platz. Wenn ich zu einem öffentlich-rechtlichen Sender gehe und mein Engagement in der Verbreitung einer politischen Meinung sehe, dann muss ich mich der Verpflichtung zur Pluralität beugen, meine Meinung auf die Möglichkeit zum Kommentieren beschränken und lernen, auch meinen Meinungsgegnern Platz im Programm einzuräumen.

Im elektronischen Bereich, also Funk und Fernsehen, gibt es in Deutschland seit Mitte der 1980er Jahre ein duales System. Das heißt, privatwirtschaftliche und öffentlich-rechtliche Anbieter produzieren Radio- und Fernsehprogramme und nun auch Online-Angebote. Die privatwirtschaftlichen Sender finanzieren sich durch Werbung, die öffentlich-rechtlichen Anbieter finanzieren sich fast ausschließlich aus einem Rundfunkbeitrag[5], der pro Wohnungseinheit in Deutschland verpflichtend ist. Aber sie dürfen in sehr beschränktem Umfang auch Werbung machen.

Dieser Rundfunkbeitrag ist immer wieder sehr umstritten, weil etwa die Hälfte der Bevölkerung den öffentlich-rechtlichen Rundfunk kaum oder gar nicht nutzt. Andererseits werden von dem Rundfunkbeitrag auch die Landeszentralen finanziert, die den Privatfunk rechtlich und organisatorisch regulieren. Ein weiterer Teil der Gebühren wird als Kosten für Übertragungsrechte als Kulturförderung in Deutschland ausgegeben, zum Beispiel für die Wagner-Festspiele in Bayreuth oder für die Bamberger Philharmoniker. Ein ganz großer Brocken sind die Sportrechte vor allem für Fußball und für die Olympischen Spiele. Und natürlich kosten Programm, Personal, Technik ebenfalls eine Menge Geld. Schauspieler verdienen durch Sprecherrollen beim

[5] Rundfunk ist traditionell der Oberbegriff für Hörfunk und Fernsehen.

Hörspiel oder durch Rollen beim Fernsehen ihr Geld. Komponisten verdienen durch Kompositionsaufträge, und durch die Aufführung ihrer Werke bei den Konzerten der Rundfunkorchester Geld. Dasselbe gilt für klassische Sängerinnen und Sänger, aber auch freiberufliche Musiker, die für Konzerte der Rundfunkanstalten engagiert werden. Und die vielen tausend freien Autoren, die Sendungen oder Drehbücher schreiben, freie Moderatoren und Reporter werden ebenfalls aus dem Rundfunkbeitrag bezahlt, ohne dass sie bei einer Rundfunkanstalt fest angestellt sind.

Wie sich dieser Markt angesichts der Digitalisierung weiter entwickeln wird, kann niemand voraussagen. Richtig ist, dass sich sowohl Produktion als auch Rezeption von Inhalten im Journalismus durch die Digitalisierung gewaltig verändert haben. Über die Auswirkungen wird in den nachfolgenden Kapiteln einiges zu lesen sein.

Wie werden wir informiert?

Obwohl das Thema auf die Gegenwart zielt, sei vorab ein Rückblick auf die Entwicklung meiner Medienrezeption erlaubt. Denn der Zeitspanne eines Lebens von etwa sechs Jahrzehnten stellen wir einen erstaunlichen Wandel fest. Das möchte ich an meinem Lebenslauf dingfest machen. Mit acht Jahren begann ich, regelmäßig Tageszeitung zu lesen. Das macht bei meinem Lebensalter sechs Jahrzehnte Mediensozialisation aus, von denen ich fast 40 Jahre selbst journalistisch tätig war. Mein erstes Medium war freilich das Radio.

Noch bevor ich lesen und schreiben konnte, bildete das Radio mein Ohr und prägte meine Neugierde. Am meisten faszinierten mich die Telefonverbindungen in alle Welt mit Berichten aus fremden Ländern. Zehn Minuten Nachrichten waren für meinen Vater morgens und abends die Zeit konzentrierten Zuhörens. Am Wochenende gehörte das Radio tagsüber uns Kindern, am Abend wieder dem Vater. Die Zeitung lag werktags jeden Morgen ab sechs Uhr früh verlässlich vor der Wohnungstür. Sehr traditionell wurden die einzelnen Bücher der Zeitung getrennt: nationale und internationale Nachrichten, Kommentare und Reportagen für meinen Vater, Lokales, das Feuilleton und die Anzeigen für meine Mutter. Mich interessierte einfach alles, was gedruckt war. Deshalb begann ich schon als Schüler mit 16 Jahren, für diese Zeitung zu schreiben. Und am Hauptbahnhof meiner Heimatstadt Hildesheim kaufte ich mir immer mehr überregionale Zeitungen und Zeitschriften hinzu. Bücher gab es zuhauf in der Stadtbibliothek, in die mich mein Vater mit Schulbeginn eingeschrieben hatte.

Das war es aber auch schon mit der Medienrezeption der frühen Jahre – praktisch bis zu meinem Abitur. Denn einen Fernseher besaßen wir nicht. Ein Fernsehgerät kam meinen Eltern erst ins Haus, als der Jüngste von uns vier Kindern, nämlich ich, die Schule abgeschlossen hatte und in das Studium zog. Deshalb fehlt mir bis heute das Verhältnis zum Fernsehen, dessen wachsende Bedeutung ich gleichwohl zur Kenntnis genommen habe, galten doch die Fernsehgesichter per se als etwas Prominentes, wo hingegen Radiostimmen nur durch ihren Inhalt überzeugen konnten. Aber auch ohne Fernsehen hatten wir das Gefühl, wir wurden regelmäßig und zuverlässig informiert. Ich spreche von den 1960-er und 70-er Jahren. Und nun ein Zeitsprung.

Die Einführung des dualen Systems 1984 – also die Einführung von privatem Hörfunk und Fernsehen neben dem öffentlich-rechtlichen System – hat teilweise diesen Eindruck der zuverlässigen Information auf die Probe gestellt, letztlich aber bestanden. Denn auch die privaten elektronischen Medien bieten in Deutschland – trotz deutlicher Schwerpunkte im Unterhaltungsbereich – selbstverständlich Information an, auch wenn dies manchmal etwas zu inszeniert erscheint.

Doch dann kam die Digitalisierung der Medienwelt ohne Ansehen der medialen Verfasstheit – egal ob privatwirtschaftlich oder öffentlich-rechtlich. Und diese Digitalisierung schien alles über den Haufen zu werfen. Die technischen Möglichkeiten des Internets wurden ab 1993 massenwirksam eingesetzt. Facebook – als Plattform für die individuelle Vernetzung wurde 2004 – also erst vor 13 Jahren gegründet – und zählt nun fast zwei Milliarden Nutzer, also zweitausend Millionen Menschen. Und nun die Situation heute, für die ich einmal 38 Studierende in einem Seminar zu ihrem Medienkonsum befragt habe.

Eine Zeitung aus Papier hatte in diesem Semester bislang keiner der Studierenden in der Hand. Radioprogramme hörten etwa zwei Drittel täglich, aber die konkreten Programme waren nicht immer klar zu benennen. Beim linearen Fernsehkonsum sieht es noch interessanter aus: Nur ein knappes Dutzend der Befragten gab an, dass sie höchstens ein bis zwei Mal in der Woche gezielt ein Programm einschalten, um Nachrichten oder – was mich immer wieder verblüfft – den Tatort im Ersten Deutschen Fernsehen anzuschauen. Völlig gegenläufig ist der Umgang mit den sozialen Netzwerken: Täglich mehrfach sind fast alle Studierenden auf Facebook aktiv. Und nahezu stündlich – auch während des Unterrichts – rufen Sie die Kommunikationsplattform WhatsApp auf. Twitter wird eher passiv genutzt, während ein Drittel auf den Foto- und Videoplattformen Instagram oder Snapchat ihre Produkte einstellen. Threema ähnlich wie WhatsApp, aber eine Schweizer Entwicklung mit einem deutlich höheren Sicherheitsstandard, ist eher unter Informatik affinen jungen Menschen verbreitet. Unter all den genannten Plattformen im Netz ist Snapchat eine besondere Versuchung: Sie können dort Bilder einstellen, die sich nach wenigen Sekunden wieder selbst zerstören. Das senkt die Hemmschwelle vieler Teilnehmer, die nicht bedenken, dass im Netz nie etwas verloren geht, auch wenn es an der Netzoberfläche scheinbar gelöscht wurde.

Doch unsere Studierenden lesen auch jede Menge Zeitungen, sehen zahlreiche Fernsehsendungen, lauschen sogar Hörspielen und Comedies. Aber alles ohne Papier, ohne TV-Gerät, ohne Radiogerät. Ganz allein mit dem Smartphone, den Tabletts oder manchmal noch – ganz altmodisch – mit einem Laptop. Und wenn wir schon von altmodisch reden: Die E-Mail ist – gähn, gähn – noch etwas für alte Professoren, die nicht wissen, dass es WhatsApp oder den Virtuellen Campus an ihrer Universität gibt.

Und natürlich nutzen die jungen Menschen nicht das lineare Programm, also den Live-Stream, sondern Mediatheken, welche die ausgestrahlten Sendungen zur Verfügung stellen. Und sie nutzen auch nicht unbedingt die Online-Seiten der Zeitungen, sondern Suchmaschinen, die sie für Ihre Interessen programmiert haben. Hinzu kommen Musik- und Filmpakete, die von verschiedenen Providern angeboten werden wie Maxdome, Amazon Video, Netflix, Pantaflix, Sky Ticket oder iTunes.

Auch wenn ich hier mit spontanen und nicht repräsentativen Umfragedaten aus einem Universitätsseminar argumentiere, wage ich die Behauptung, dass wir einen Generationsabriss in der

Mediennutzung haben, der sich auch nachhaltig auf das Verständnis von Journalismus und Journalisten bezieht. Und damit auf den Anspruch, wie wir informiert werden. Ein Wandel, der sich reziprok auch auf die Medienmacher auszuwirken droht. Dies wird noch deutlicher, wenn wir uns die aktuellen wissenschaftlichen Studien zu diesem Thema anschauen.

Dem Bayerischen Rundfunk ist seit 1965 das Internationale Zentralinstitut für Jugend- und Bildungsfernsehen (IZI) zugeordnet. Dieses Institut wurde in den Amtszeiten von Albert Scharf als Juristischem Direktor und späterem Intendant des BR – also während mehr als dreieinhalb Jahrzehnten – nachhaltig in seiner wissenschaftlichen Ausrichtung gefördert. Heute geht es bei den Forschungsbereichen nicht mehr „nur" um das Fernsehen, sondern um den Medienkonsum Jugendlicher ganz allgemein. Die Studie dieses Instituts zum Thema „Jugend und Medien" aus dem Jahr 2017 belegt den von mir erwähnten Generationenabriss auf eindrucksvolle Weise. Der TV-Konsum der Generation bis 29 Jahre ist um ein Drittel geringer als bei der übrigen Bevölkerung. Dafür ist der Internetkonsum doppelt so hoch. Und bei den Tageszeitungen sind die Zahlen noch dramatischer. Die Nutzung der Tagespresse bei der jungen Zielgruppe im Alter bis 29 Jahre liegt um zwei Drittel unter dem der übrigen Bevölkerung. Als Informationsquelle geben über 90 Prozent dieser jungen Menschen das Internet an. Bemerkenswerterweise nutzen die Jugendlichen im Internet zu 28 Prozent die Tagesschau, auch wenn im linearen Fernsehen die öffentlich-rechtlichen Anbieter nur noch gut zehn Prozent dieser jungen Menschen erreichen. Das Institut bietet auch Vergleichsdaten aus aller Welt an – von den USA bis Kambodscha. Die Tendenz ist – mit leichten Schwankungen – überall dieselbe. Die nachwachsende Generation informiert sich anders und wird – vice versa – auch anders informiert.

Doch gilt das nur für die nachwachsende Generation der unter Dreißigjährigen? Natürlich nicht. Der digitale Wandel der Medien hat die gesamte Gesellschaft erfasst. Schließlich sind – der Onlinestudie von ARD und ZDF 2017 zufolge – 62,4 Millionen Menschen der deutschsprachigen Bevölkerung über 14 Jahren in der Bundesrepublik online. Das sind 89,8 Prozent der untersuchten Zielgruppe. Selbst wenn man den radikalen Anstieg der WhatsApp-Nutzer davon abzieht, sind es immer noch 50,2 Millionen Online-Nutzer. Das entspricht 72 Prozent der Zielgruppe.[6] Und dies mit steigender Tendenz.

Der Netzausbau für schnelles Internet zielt auf eine flächendeckende Versorgung. Das meistgenutzte Gerät dafür ist längst nicht mehr der PC, also der Computer am Schreibtisch, sondern das Smartphone. Für Jugendliche ist das Smartphone fast der ausschließliche Zugang zum Internet und zur Tagesinformation; aber auch zwei Drittel der Gesamtbevölkerung nutzen das Smartphone, um im Internet aktiv zu werden.

Fragen wir uns ehrlich: Hat uns nicht längst der gefühlte, „alternative Fakten" Journalismus über Twitter und Tweets, über WhatsApp und Facebook, über Instagram und Snapchat alle erreicht – vielleicht sogar, ohne dass wir uns dessen bewusst sind und uns darüber Rechenschaft ablegen?

Denn wie oft erleben wir, dass auch schon im Fernsehen individuelle Stimmungen und Meinungen aus den sozialen Netzwerken nahezu gleichberechtigt und quasi als Volkes Stimme den recherchierten, journalistischen Berichten hinzugefügt werden. Mehr noch: Es gibt inzwischen genügend Journalisten, die sich in ihrer Erstinformation auf die sozialen Netzwerke stützen und sie so konkurrierend zu den traditionellen Nachrichtenagenturen nutzen.

Eine Twitter-Nachricht von nicht mehr als 140 Zeichen, seit September 2016 auch mit Fotos und Videos möglich, kann wie ein Schneeballsystem Millionen von Menschen individuell erreichen, bevor überhaupt eine Prüfung und Einordnung der gesendeten Fakten möglich ist. Twitter hatte 2017 zwar „nur" knapp 330 Millionen Nutzer monatlich[7], aber auch hier ist ein rasanter

---

[6] http://www.ard-zdf-onlinestudie.de/ardzdf-onlinestudie-2017/ (Aufruf 10. Aprl 2018).

[7] https://de.statista.com/statistik/daten/studie/232401/umfrage/monatlich-aktive-nutzer-von-twitter-weltweit-zeitreihe/ (Aufruf 10. April 2018).

Anstieg zu verzeichnen. Aktive Teilnehmer sind viele Meinungsträger, Politiker, Polizeidienststellen, Pressestellen von Firmen und Unternehmen sowie viele Individuen, die glauben, dass sie der Welt Wesentliches mitzuteilen haben. Die täglichen Aktivitäten des US-Präsidenten Trump, der Twitter offensichtlich als Ersatz für eine professionelle politische Kommunikation ansieht, hat diesem Nachrichtendienst eine neue Rolle ermöglicht.

Das führt mich zu einem Streitgespräch, das ich in Berlin auf einem Podium mit einer Leitfigur der deutschen Netzgesellschaft geführt habe, Sascha Lobo, der sich selbst als Blogger, Journalist und Werbetexter bezeichnet. Was für eine interessante Anreihung von beruflichen Identitäten. Unser Gesprächskonflikt bestand darin, dass der Blogger meinte, das Internet haben den Journalismus nachhaltig verändert, denn jeder könne mit seinem Smartphone ein Video aufnehmen und es sofort im Internet auf irgendeiner Plattform streamen, also sofort publizieren. Und jeder könne auf Facebook posten, kommentieren oder Blogs eröffnen. Damit sei ein neuer Journalismus entstanden. Dem musste widersprechen; denn die Grundwerte des Journalismus bleiben trotz unterschiedlichster Ausspielwege gleich:

- Die Recherche
- Die wahrheitsgetreue Wiedergabe von Fakten
- Die Wahrhaftigkeit, meine Quellen zu verifizieren
- Die Trennung von Bericht und Kommentar

Diese Grundgesetze journalistischer Ethik können nicht durch neue Verbreitungswege außer Kraft gesetzt. Ganz im Gegenteil, gerade angesichts der Überflutung von vermeintlichen Augenzeugenvideos aus Kriegsgebieten auf YouTube

- angesichts von Twitter-Nachrichten, die nur der individuellen Sichtweise des Absenders entsprechen und keiner objektiven Überprüfung unterzogen werden können,

- angesichts der problemlosen Verlinkung von so genannten Fake News mit allen Plattformen im Netz unter Hinzufügung von – ebenfalls nicht Fakten gestützten – Meinungsbeiträgen,
- angesichts purer Manipulation in Bild und Wort und
- angesichts der vielen Hacker, die es schaffen, Dokumente ohne Bezug zu ihrer Entstehung, Bedeutung oder Geheimhaltungsstufe der Internetgemeinschaft zum voyeuristischen Konsum anzubieten,
- angesichts dieser Fakten ist es heute dringender denn je, die journalistischen Standards einzufordern, die schon immer in einer pluralistischen Demokratie gegolten haben.

Gerade deshalb mussten und müssen die öffentlich-rechtlichen Medien, die Qualitätsmedien überhaupt wie die Frankfurter Allgemeine Zeitung, die Neue Zürcher Zeitung, die Welt, die Süddeutsche Zeitung, Der Spiegel, Die Zeit und viele andere ihre journalistischen Inhalte in die digitale Welt mit einbringen, weil sie sonst für einen Teil der Bevölkerung verloren gingen.

Kommen wir zurück zur Ausgangsfrage dieser Gedankengänge: Wie werden wir informiert? Wir werden immer noch gut, umfangreich und vielfältig informiert, wenn wir so informiert werden wollen.

Wir werden jedoch einseitig und manipulativ informiert, wenn wir uns – oder auch die Medien selbst – auf die zufälligen, aber populären und massenwirksamen Ergüsse einzelner Meinungsträger und Internetforen stutzen, die sich die Deutungshoheit über wichtige Ereignisse zu Eigen machen wollen. Dazu gehören in jüngster Zeit an prominenter Stelle leider auch der schon erwähnte amerikanische Präsident Trump und sein Team. Trump hat der amerikanischen Traditionspresse, ja den Medien generell den Kampf angesagt, weil sie in den USA traditionell sehr kritisch gegenüber der Politik sind und Herrn Trump bereits im Wahlkampf einiger Ungereimtheiten überführt haben. Nun versucht der amerikanische Präsident mit seinen Twitter-Nachrichten eine medialen Gegenöffentlichkeit zu organisieren. Das dürfte ihm sogar teilweise gelungen sein. Denn er hat inzwischen mehr als 50 Millionen Follower, also Anhänger im Internet, die als Multiplikatoren sicher ein Vielfaches an Menschen erreichen dürften. Hinzu kommt, dass seine Tweets von nahezu allen Medien der Welt – in Europa, Asien, Afrika aufgenommen und weiter kommentiert werden, sich im Facebook ebenso wiederfinden wie in den russischen sozialen Netzwerken namens VKontakte oder Odnoklassniki.

Wenn man sich die aktuellen Mitteilungen des amerikanischen Präsidenten anschaut, unter denen sich auch Videos befinden, dann wendet sich Trump pro Tag im Schnitt fünf bis sechs Mal an die Öffentlichkeit und erreicht damit eine Schlagzahl, die einer Nachrichtenagentur würdig wäre. Auf diese Weise will er erreichen, dass seine Deutungshoheit für die Darstellung seiner Politik prominent wahrgenommen wird und nicht mehr die journalistisch kritische Darstellung in professionellen Medien. Und wenn Trump sich schon einmal den – freilich ausgewählten und ihm wohlwollenden – Medien stellt, dann kann es passieren, dass er sich auf das Schlimmste entlarvt, so als er in einem Fernsehinterview berichtete, wie er nach einem „leckeren Stück Schokoladenkuchen" (Trump wörtlich) an der Seite des chinesischen Präsidenten den Befehl gab, 59 Marschflugkörper „in den Irak" zu schicken. In Wirklichkeit wurden die Raketen nach Syrien abgefeuert, aber dieser kleine Unterscheid war dem US-Präsidenten während des Interviews nicht mehr klar. Auch die dem US-Präsidenten wohlwollenden TV-Medien mussten hier korrigierend eingreifen.

Schon zuvor hatte eine Sprecherin von Trump, Frau Conway, eine den Tatsachen widersprüchliche Darstellung gegeben und eine klare Falschaussage aus dem Trump-Lager als „alternative Fakten" qualifiziert. Es ging um die Zahl der Teilnehmer an der Amtseinführung von Trump gegenüber der Amtseinführung von Obama. Und in der Gegnerschaft zu Obama ließ Trump sich zu Behauptungen verleiten, die entweder unwahr sind oder nie belegt wurden: So zum Beispiel, Obama sei nicht in den USA geboren und somit zu Unrecht Präsident geworden – was nachweislich falsch ist. Oder aber Obama habe ihn im Wahlkampf abhören lassen – wofür Trump nie einen Beweis erbringen konnte.

Noch ein letztes Ereignis, das freilich einen Orkan der Empörung in den medialen wie privaten Netzwerken hervorgerufen hat: Trump ließ seine erste vollständige Kabinetts-Sitzung live von Kameras aufzeichnen und veröffentlichen. Dabei ließ er sich von fast jedem Kabinettsmitglied mit huldigenden Worten loben und bezeichnete sich selbst nach fünf Monaten im Amt bereits als einen der erfolgreichsten Präsidenten der USA. Das mögen seine Anhänger so sehen, die nun direkt von und über Trump vermeintlich informiert werden und sich dafür nicht mehr der kritischen Medien bedienen müssen.

Eine Weiterentwicklung dazu bietet die russische Informationsgesellschaft, in der es gelungen ist, alle relevanten Massenmedien mit den größten Reichweiten der Sichtweise des regierenden Präsidenten Putin unterzuordnen. Auch Putin bedient sich der sozialen (und in Amerika basierten) Netzwerke wie Twitter oder Instagram. Bei Twitter hat er unter seinem Namen 861-tausend Follower und unter seiner Amtsbezeichnung „President of Russia" weitere 674-tausend Follower[8]. Hinzu kommen natürlich seine offiziellen Webseiten als russischer Präsident mit all seinen Auftritten Reden und Reisen – übrigens alles zweisprachig, Russisch und Englisch, die man auch zur politischen Analyse heranziehen kann sowie zahlreiche Putin-Seiten auf Facebook in verschiedenen Sprachen, in denen seine Politik aus offizieller russischer Sicht dargestellt wird. Der russische Ministerpräsident Dmitri Medwedew kann sogar auf Instagram 2,3 Millionen Follower vorweisen und postet Selfies und andere Fotos, die er nachweislich selbst aufgenommen hat. Dies alles kann die Darstellung in den Medien nicht ersetzen, wird aber von manchen Nutzern als „authentische Information" den traditionellen Medien vorgezogen.

Eine Nebenbemerkung sei hier eingefügt: Am 17. Mai 2017 wurden in der Ukraine per Gesetz die Nutzung russischer sozialer Netzwerke verboten, um der Propagandawirkung Moskaus

---

[8] Stand April 2018.

Einhalt zu gebieten. Nach meinem Eindruck – ich habe viele Studierende aus der Ukraine und war in dem Land in den letzten Jahren als Medienberater eingesetzt – bewerte ich die Funktion dieser russischen sozialen Medien – also Odnoklassniki, VKontakte – etwas anders: Sie sind ein Bindeglied zwischen vielen Familien nicht nur innerhalb der Nachfolgestaaten der ehemaligen Sowjetunion, sondern auch nach Westeuropa und in die USA. Was viele kaum vermuten: In Deutschland liegt – hinter Facebook – die Nutzung der russischen Plattformen Odnoklassniki auf dem zweiten Platz und VKontakte auf dem elften Platz. Das hängt mit den etwa viereinhalb Millionen russischer Muttersprachlern zusammen, die in Deutschland leben. Durch das Verbot dieser Angebote in der Ukraine wurde eigentlich nichts erreicht. Denn auch über Facebook, Twitter oder Instagram werden die Propagandaschlachten aus Moskau geführt. Das hat vielleicht der ukrainische Präsident Poroschenko übersehen oder nicht gewusst, der seine Bevölkerung selbst ermuntert, genau diese sozialen Medien zu nutzen.

Halten wir fest: Es gibt praktisch keine Informationsgrenzen mehr. Und kehren wir zur Ausgangsfrage zurück: „Wie werden wir informiert?" – und wir stellen fest, dass angesichts der Entwicklung des letzten Jahrzehnts sich die Dichotomie einer doppelten Fragestellung aufdrängt. Nämlich:

- Wie werden wir informiert?
- Wie informieren wir uns selbst?

Die digitale Zeitenwende erfordert zweierlei: Von jedem Einzelnen mehr Eigenverantwortung, was Auswahl, Nutzung und Wertung von Informationen betrifft. Von jedem Journalisten, jeder Journalistin, von jeder Redaktion, die journalistisch arbeitet, ein Bewusstsein und ein Bekenntnis zur Medienethik. Der Journalismus ist nach bestem Wissen und Gewissen der Wahrheit verpflichtet und der Journalist selbst ist zur Wahrhaftigkeit verpflichtet.

Der gute Journalist manipuliert keine Meinung, trägt aber zur Meinungsbildung bei. Der gute Journalist lügt nicht, deckt aber

Lügen auf. Der gute Journalist kann seine Quellen belegen und korrigiert seine Fehler. Es sind letztlich so einfache Regeln, die ich hier nun noch einmal etwas anders formuliert habe. Doch sie müssen unterrichtet und vorgelebt werden.

An der Münchner Hochschule für Philosophie wurde ein Lehrstuhl für Medienethik errichtet – einzigartig in Deutschland. An diesem Lehrstuhl haben sich zahlreiche Qualitätsmedien beteiligt. Dieser Lehrstuhl soll ein Weckruf sein, der uns hilft, Orientierung zu bieten zwischen den Koordinaten Wahrheit, Wahrhaftigkeit und Verantwortung. Warum das so wichtig ist, zeigt eine aktuelle Studie, über die in der Tagesschau am 13. Juni 2017 berichtet wurde. Ich zitiere:

> *Kampf gegen Fake News. Meinungsmache gegen Geld. Weltweit floriert das Geschäft mit den sogenannten Fake News. Ein Team der EU-Kommission findet 160 gezielt verbreitete Falschmeldungen pro Monat. Auch die deutsche Politik ist oftmals Inhalt solcher Meldungen.* [9]

Und dann berichten Anja Bröker und Lena Kampf, mit wieviel Geld man heute Informationskampagnen steuern kann. Die Zahlen dazu stammen von einer Sicherheitsfirma namens Trend Micro, die im Darknet recherchiert hat. In der Fachdefinition ist das Darknet ein Peer-to-Peer-Overlay-Netzwerk. Seine Teilnehmer bauen quasi händisch ihre Verbindungen über eigene Server untereinander auf. Laut dem Bericht der Tagesschau kann der Auftraggeber von Informationskampagnen sogar anonym bleiben. Beispiele: Die Beeinflussung von Wahlen kostet 400.000 US-Dollar. 200.000 Dollar kostet die Provokation von Protesten in einem Land. Wer einen Journalisten verunglimpfen will, muss dafür 55.000 Dollar bezahlen. Alles Beispiele der Sicherheitsfirma Trend Micro aus Russland, China und aus englischsprachigen Ländern. Die erwähnten Autorinnen erklären, wie Gerüchte durch Bots, also computergesteuerte Facebook- oder Twitter-Konten verbreitet werden. Die Verbreitung solcher Fake News

---

9 https://www.tagesschau.de/ausland/fake-news-eu-101.html (Aufruf 28.01.2018).

– so der Tageschaubericht weiter, beobachtet seit 2015 auch ein elfköpfiges Team der EU-Kommission. Allein in den ersten 20 Monaten haben sie 3200 Falschmeldungen gefunden. Einiges davon darf ich zitieren. So hieß es in den tschechischen sozialen Netzwerken: Bundeskanzlerin Angela Merkel habe syrischen Flüchtlingen einen Besuch bei tschechischen Prostituierten mit Steuergeld finanziert, oder sie sei verantwortlich für die Terrorangriffe in Brüssel. Eine andere Meldung lautet: In Georgien hieß es, Merkel wolle eine Freihandelszone mit Russland. Ende März wurde in der Slowakei vermeldet, Merkel habe die Bedingungen für ihren Rücktritt verkündet. Aus eigener Erfahrung darf ich noch die Ukraine mit hinzufügen. Dort stieß ich auf die so genannte Nachricht, Merkel und Putin hätten aus DDR-Zeiten eine gemeinsame KGB-Vergangenheit und deshalb sperre sich Merkel gegen Waffenlieferungen an die Ukraine.

Angesichts dieser Entwicklung haben sich immer mehr Qualitätsmedien zusammengeschlossen, private und öffentlich-rechtliche, um durch gemeinsame, aufwändige Recherchen Falschmeldungen zu widerlegen, zu korrigieren oder auch eigene Meldungen zu erzeugen.[10] Auch hier gilt die alte Regel: um mit einer Meldung an die Öffentlichkeit zu gehen, benötigt man zwei unabhängige Quellen. Da aber über Facebook und Twitter oft schneller und spektakulärer Videos oder Meldungen verbreitet werden, gibt es in der Informationsdirektion des BR einen eigenen Stab von Fachleuten, die eine Echtheitsüberprüfung im Netz betreiben und genau darüber das Publikum informieren.[11]

Man braucht jedoch nicht lange suchen um festzustellen, dass es immer weniger Bastionen des unabhängigen Journalismus gibt

---

[10] Der Informationsdirektor des Bayerischen Rundfunks, Thomas Hinrichs, bei dem die Aktualität für alle Ausspielwege gebündelt sind, hat zu dieser Entwicklung eine klare und überzeugende Haltung: "Die Antwort auf die Herausforderungen der Digitalisierung ist guter Journalismus", sagt Thomas Hinrichs. Dazu zählt für ihn heute besonders die Verifikation von Meldungen in den sozialen Netzwerken (Gespräch am 20. Juni 2017).

[11] Laut Hinrichs findet die Meinungsbildung immer mehr in "Echokammern und Filterblasen" statt. Dem müsse der Journalismus mit verlässlichen Informationen begegnen (ebd.).

oder dass sich immer mehr Medien durch den enormen Kostendruck auf immer weniger Quellen stützen müssen. Schon vor Jahren wurde beklagt, dass zahlreiche Auslandsbüros auch von anerkannten Zeitungen aus Kostengründen geschlossen wurden. Es entstand vielfach die Illusion, man könne durch das Internet und die Gleichzeitigkeit von Ereignis und Übertragung im Netz die journalistische Präsenz vor Ort ersetzen.

Wer aber steht dann für die Verifikation und Einordnung von Fakten zur Verfügung? Wer kann politische Kräfte und Einflüsse abwägen, zu handelnden Personen etwas sagen, ohne politische Hintergründe oder zeitgeschichtliche Hintergründe zu kennen? Etwa unser in das Internet (und früher in das Zeitungsarchiv) abgeordneter Sonderkorrespondent am Schreibtisch nebenan? Professionalität im Journalismus kostetet eben Geld. Aber es ist gut angelegt, wenn dadurch die Unabhängigkeit der Information und die Vielfalt der Meinungsbildung gewährleistet werden, die letztlich wichtige Bausteine der Demokratie sind.

Wollten wir uns nur auf den Markt im Netz, auf Facebook und Twitter, auf Instagram und Snapchat verlassen, dann wären wir einer Mischung von Information, Public Relations und Propaganda ausgeliefert, ohne dies alles voneinander unterscheiden zu können. Deshalb müssen die traditionellen Medien sich dieser Verbreitungswege bedienen, um den oben geschilderten Generationenabriss nicht zu vertiefen, der nicht nur eine mediale, sondern auch eine soziale Kluft in unserer Gesellschaft bedeuten würde. Gleichzeitig muss die Medienmündigkeit (nicht Müdigkeit, sondern Mündigkeit) in unserer Gesellschaft gestärkt werden. Nur so kann verhindert werden, dass aus dem Publikum ein behandeltes Objekt wird. Das Publikum soll handelndes Subjekt sein, dass seine kritische Mediennutzung in der digitalen Welt selbst bestimmt und die Chance erhält, Informationen von Fake News zu unterscheiden.

An der Schwelle zur Praxis im Journalismus

Ihre Vergangenheit[12] ist unsere Zukunft. In den letzten zwei Jahren haben Sie bereits erlernt, was wir als Bayerischer Rundfunk in den nächsten zehn Jahren verwirklichen wollen: nämlich ein öffentlich-rechtliches Medienhaus mit trimedialer Ausrichtung zu sein.

Dazu gehören Handwerk, Engagement, Überzeugung. Dazu gehört aber – und jetzt hole ich ganz tief aus – journalistische Ethik.

Nach dem Motto: „Opa erzählt vom Krieg" komme ich auf meine Zeit als Korrespondent zu sprechen. Ich war in Moskau stationiert. Es tobte damals der Kalte Krieg zwischen Ost und West. Dazu die Anekdote von damals: Der sowjetische Generalsekretär Gorbatschow wollte einen friedlichen Wettkampf der

---

12 Die nachfolgenden Ausführungen waren den Absolventinnen und Absolventen eines Volontärjahrganges im Bayerischen Rundfunk gewidmet. Pro Ausbildungsjahrgang werden zwölf Bewerberinnen und Bewerber ausgewählt. Das Volontariat dauert 24 Monate und wird tariflich bezahlt. 1694,82 Euro im ersten und 2065,58 Euro im zweiten Jahr. (Stand Juni 2018). Informationen und Bewerbungunterlagen unter: https://www.br.de/extra/karriere/inhalt/studenten/ausbildung-volontariat-redaktion-100.html.
Auch kurzzeitige Praktika und Hospitanzen sind möglich. Informationen und Bewerbungsunterlagen unter: https://www.br.de/extra/karriere/praktika-100.html.

Systeme. Er lud den amerikanischen Präsidenten zu einem Wettlauf auf der Aschenbahn ein. Der Sieger sollte auch politisch mit seinem System als Gewinner anerkannt werden.

Die beiden starteten – und der amerikanische Präsident gewann.

Was stand am nächsten Tag in der kommunistischen Parteizeitung Prawda:

„Bei einem gigantischen Wettlauf der Systeme belegte der sowjetische Generalsekretär einen hervorragenden zweiten Platz. Der Amerikaner wurde Vorletzter."

Die Lehre für die journalistische Ethik daraus?

Mache dich nie zum Sprachrohr von Interessen, die dich verführen, unter Umgehung der Wahrheit die Unwahrheit zu suggerieren. Auch wer nachweislich nicht lügt, kann durch Unterlassung der Unwahrheit dienen.

Viele von Ihnen haben schon von der Harvard-Universität gehört, in Cambridge bei Boston. Ein Großtempel der reinen Wissenschaft. Dort habe ich bei einer Willkommensfeier für Erstsemester – auf Englisch *freshmen* – Studenten mit ihren Eltern begleitet. Der Unipräsident Larry Summers hielt eine eindrucksvolle Rede und zitierte dann einen naturwissenschaftlichen Text aus dem Aufsatz eines Harvard-Professors. „Diesen Text", so Summers, „werden Sie jetzt nicht verstehen". Und weiter: „Selbst, wenn Sie ein naturwissenschaftliches Studium bei uns absolviert haben, werden Sie mit dem Text nichts anfangen. Denn er ist reiner Nonsense, Unsinn."

„Wir haben", so klärte Summers die Erstsemester auf, „einen Test gemacht. Welche wissenschaftliche Zeitschrift druckt ungeprüft das Skript eines Professors nur, weil er von Harvard stammt, auch wenn Unsinn darinsteht. Und in der Tat: Einige Zeitschriften sind darauf reingefallen."

Die Lehre für die Erstsemester lautete: hinterfragen Sie, was man Ihnen erzählt, überprüfen Sie die Dinge auf Plausibilität und Richtigkeit, bleiben Sie kritisch, nicht nur gegenüber ihren Professoren, sondern ihr Leben lang. „Das ist es, was Sie in Harvard lernen können", meinte der Unipräsident abschließend.

Und dies scheint mir – neben der journalistischen Ethik – auch für uns die zweite Faustregel, die ich Ihnen heute für ihre berufliche Karriere gerne mit auf den Weg geben möchte. Der oder die Ranghöhere, Dienstältere müssen nicht automatisch wegen des hierarchischen Status Recht haben, wenn ein gut begründeter Themenvorschlag oder eine gut recherchierte Geschichte abgelehnt wird.

Ich habe aus Gesprächen mit Ihnen, liebe Ex-Volos, etwas über Ihre Erfahrungen während der letzten zwei Jahre gelernt. Deshalb möchte ich Ihnen gerade in dieser Hinsicht Mut machen. Ich kenne die Charakteristik vom Redaktionsbiotop und der hohen Volontärskunst:

- Anpassen und gleichzeitig auffallen.
- Selbstbewusst sein, aber im richtigen Moment zuzustimmen.

Das hat bei manch einem zur Einschätzung geführt, so ein Volontärskurs sei individuell sehr stark, im Team aber schwach.

Nun löst das Team sich auf und in der Tat hält der freie Markt auch manche konkurrierende Herausforderung für Sie bereit. Doch alle von Ihnen sind trimedial aufgestellt und bestens vorbereitet. Bereit, gefordert zu werden oder – wie mir jemand sagte: „Ich fühle mich wie eine reife Frucht am Baum. Sehr reif. Fertig zum Pflücken." Der geschützte Raum des Volontariats, das „kleine, journalistische Labor" öffnet nun die Türen. Und Sie werden bestätigt finden, was mancher mir gegenüber beklagt hat: „Das Reden über Themen als Verkaufsmasche verstellt oft den Blick auf die wirklichen Fähigkeiten."

Aber Sie haben auch erfahren, dass Journalismus kein Hexenwerk ist. Man kann Journalismus erlernen, selbst wenn sich einige von Ihnen in einem solchen Labyrinth wie einer öffentlich-rechtlichen Anstalt anfangs geradezu bedroht fühlten, verschlungen zu werden. Begriffe wie DigAs, Merlin, Open Media, Sphinx sind für das Leben in der normalen Welt unerheblich, im Rundfunk sind sie überlebensnotwendig. Technische Fertigkeiten sind Teil des journalistischen Handwerks. Ob Sie nun von der Veranlagung Lang- oder Kurzstreckenläufer sind, ist eigentlich egal. Sie müssen lernen, alle Formate zu bedienen, mit der VJ-Kamera durch Unterwelten robben, sich in Redaktionen zusammenraufen, nahe an die Menschen gehen.

Eine wichtige Erkenntnis habe ich bei Ihnen wiedergefunden: Information und Unterhaltung müssen sich nicht ausschließen. Diese These schockt mich nicht, sondern macht mir Hoffnung. Meine amerikanische Frau hat unsere Kinder immer wieder angespornt: „Isn't it fun to understand this or that?" Macht es nicht Spaß, das Eine oder Andere zu verstehen? Damit öffnen Sie dem Publikum neue Welten. Öffnen wir diese Welten zum Abschluss nun Ihren Träumen, von denen ich inzwischen etwas weiß:

Große Dokumentationen drehen, Korrespondent oder Korrespondentin im Hauptstadtstudio, im Ausland, Kriegsreporter oder Kriegsreporterin, die regionale Vielfalt im Programm fördern, vielleicht auch die Tagesthemen moderieren, Fernsehformate für jüngeres Publikum entwickeln, Trimedialität voranbringen.

Doch dies alles sind nur auf den ersten Blick die Wunschträume. In Wirklichkeit sind dies sehr realistische Ziele. Denn alles davon ist erreichbar. Nicht für jeden und zu jedem Zeitpunkt. Chancen dafür werden sich aber immer wieder bieten. Wir haben Ihnen die Tür zu diesen Chancen eröffnet. Gehen Sie hindurch: selbstbewusst und kenntnisreich, aber auch selbstkritisch und mit jenem journalistischen Ethos ausgestattet, das Sie davor bewahrt, als Journalist und Journalistin instrumentalisiert zu werden.

Medienkompetenz in der Journalistik

Für den Journalisten steht nicht Quote und Profit im Mittelpunkt seiner Arbeit, sondern das Bemühen um Wahrheit und Wahrhaftigkeit. Das ist ein Ideal. Das werden wir nicht in jedem Fall erreichen. Natürlich haben sich die Medien gewandelt. Wenn ich heute meine Studenten und Studentinnen frage, wie sie sich informieren, dann gibt es eine klare Reihenfolge: An erster Stelle stehen die Sozialen Netzwerke wie Twitter, Facebook, VKontakte, YouTube, Instagram sowie die Informationsangebote von Spiegel online, Tagesschau.de und die elektronischen Zeitungsausgaben. Dann kommt schon an zweiter Stelle das Radio. Denn Radiohören ist in Deutschland immer noch sehr populär. Weniger bedeutend sind die regelmäßigen Fernsehprogramme, weil die jungen Leute sich ihre Fernsehsendungen aus den Mediatheken im Internet herunterladen. Und nur noch ganz wenige Studenten lesen regelmäßig Papierzeitungen.

Das alles sieht nach einem stürmischen Umbruch aus. Dennoch bleiben die Prinzipien des Journalismus auch hier weiterhin gültig:

- Fakten müssen so korrekt wie möglich recherchiert und wiedergegeben werden.
- Der Journalist muss immer unabhängig von den Personen und Interessen sein, über die er berichtet.
- Journalisten müssen dem Publikum gegenüber Rechenschaft ablegen, woher ihre Informationen stammen.

Das klingt auf den ersten Blick ganz vernünftig. Aber in einer richtigen Krise ist das gar nicht so leicht. Dann ist diese Unabhängigkeit eine große Herausforderung besonders dann, wenn ein Übergriff auf den Journalismus aus politischen Interessen droht.

Die folgende Regel ist uns nicht immer klar. Der Journalist ist neutral. Er ist nicht Partei. Er ist nicht Kämpfer für Ideen, über die er berichtet. Eine Ausnahme davon ist der Kommentar. In einem Kommentar darf er jede sachliche Distanz aufgeben. Er darf seine Meinung sagen. In den öffentlich-rechtlichen Medien müssen immer verschiedene Kommentare gesendet werden, die ein möglichst breites Spektrum von Pro und Contra abdecken. Vor allem aber muss der Journalist in der Lage sein, die Quellen für seine Information zu belegen. In diesem Punkt unterscheidet sich der Journalismus nicht von der Wissenschaft. Deshalb ist auch nicht jeder, der ein Video im Internet hoch

lädt oder einen Blog mit Meinungsmache betreibt, schon ein Journalist. Doch bei den Nutzern verschwimmen diese Kriterien in den letzten Jahren immer mehr. Und viele junge Menschen sehen in den sozialen Netzwerken und Blogs eine größere Glaubwürdigkeit als in den traditionellen Medien Radio, Fernsehen und Zeitung. Damit müssen wir jetzt leben. Und wir müssen uns dieser Herausforderung stellen.

Mit meinen Studentinnen und Studenten habe ich in den vergangenen Semestern viel über Medien, Medienwandel, Medienrezeption sowie über Fremd- und Eigenbild in der medialen Darstellung und der medialen Wahrnehmung in Osteuropa gearbeitet.

Dazu gehörten natürlich auch aktuelle Themen aus Russland. Wichtig dabei ist, dass alle Themen immer mit Pro und Contra dargestellt werden sollten. Trainiert durch solche Analysen in der Universität läuft ein Journalist später nicht Gefahr, dass er einseitig berichtet.

Früher hatten wir zu Hause eine Zeitung und ein Radioprogramm. Fernsehen gab es noch nicht. Also war das Spektrum an Fakten und Meinungen eher etwas eng. Heute kann man sich über unterschiedliche Positionen aus unterschiedlichen Ländern informieren. Nur muss ich immer prüfen, woher die Quellen stammen.

Das heißt, man muss sich immer über den Standort bzw. Ursprung dessen sachkundig machen, von dem eine Information stammt. Und dann kann ich die unterschiedlichen Quellen zu derselben Information vergleichen.

Im Internet konkurrieren viele Nachrichtenportale. In Deutschland ist Spiegel Online am erfolgreichsten. Deshalb war mir wichtig, dass wir Russlandmeldungen dort mit Sputnik (sputniknews) vergleichen, das Informationsportal, das jüngst aus Golos Rosii und Ria Nowosti entstanden ist, in 30 Sprachen verbreitet wird und als offizielles Sprachrohr der russischen Politik gilt.

Natürlich wissen wir, dass der Spiegel eine unabhängige Verlagsgesellschaft ist. Sputnik hingegen ist staatlich finanziert, kontrolliert und bekannt für seinen politischen Kampagnencharakter. Aber das spielt zunächst keine Rolle, weil der Nutzer im Internet nur nach Inhalten sucht und nicht nach Besitzerstrukturen, Tendenzen oder Intentionen der Seiten unterscheidet.

In diesem Fall kamen meine Studenten zu dem Schluss, dass Spiegel Online mit ironischem Unterton über ein Treffen zwischen dem Papst und dem russischen Präsidenten berichtet hat[13], während das staatlich gelenkte Nachrichtenportal Sputnik diesem Besuch des russischen Präsidenten im Vatikan einen deutlich sachlicheren Artikel gewidmet hat.[14]

Diese Feststellung trifft, wie weitere Untersuchungen zeigen, aber längst nicht für alle Meldungen von Sputnik zu.

---

[13] http://www.spiegel.de/politik/ausland/wladimir-putin-trifft-papst-franziskus-audienz-in-rom-a-1038216.html (Aufruf 07. Mai 2018).

[14] https://de.sputniknews.com/politik/20150611302727196/ (Aufruf 07. Mai Juni 2018).

SPIEGEL ONLINE DER SPIEGEL SPIEGEL TV

Menü | Politik Meinung Wirtschaft Panorama Sport Kultur Netzwelt Wissenschaft mehr ▾

POLITIK

Schlagzeilen | Wetter | DAX 12.940,21 | TV-Programm | Abo

Nachrichten › Politik › Ausland › Papst Franziskus › Wladimir Putin trifft Papst Franziskus: Audienz in Rom

Audienz beim Papst

Ein Friedensengel für Putin

Von den G7 wird er geächtet, in Rom hingegen mit offenen Armen empfangen: Russlands Präsident Putin konnte sich beim Italien-Besuch als seriöser Staatsmann präsentieren - und durfte zur Privataudienz beim Papst.

Von Hans-Jürgen Schlamp

SPUTNIK

Vatikan: Treffen des Papstes mit Putin wichtige „Lehre“ für Westen

© Sputnik / Sergei Guneev

POLITIK 08:52 11.06.2015 (aktualisiert 17:04 23.11.2016) Zum Kurzlink 2 256 13

Die Botschaft des Vatikans in Russland hat das Treffen von Papst Franziskus mit dem russischen Präsidenten Wladimir Putin als ein wichtiges Signal und eine Lehre für den Westen und Russland gewürdigt.

NACHRICHTEN

AKTUELL MEISTGELESEN

Russland vor Finanzdesaster

Eine weitere Untersuchung drei Jahre[15] später zeigte genau die Umkehrung dieser Beispiele. Es ging um den politischen Schlagabtausch zwischen der CDU und der CSU in der Frage der Asylbewerber: Soll man Asyslbewerbern, die bereits in einem anderen EU-Staat registriert wurden, an der Grenze abweisen (Seehofer) oder soll man eine europäische Lösung für mögliche Rückführungen in die betroffenen EU-Staaten suchen (Merkel).

Sputnik stelle diesen Streit als bewusste Inszenierung dar, verunglimpfte gleichzeitig deutsche Medien wie ARD, ZDF und

[15] Interetaufrufe von 19. Juni 2018

BILD, die darüber ernsthaft berichteten und lancierte Verschwörungstheorie, der zufolge hinter den Kulissen das Drehbuch bereits schon lange festgelegt worden sein.

Spiegel online hingegen berichtete in sachlicher Abwägung über alle Aspekte dieses Streits mit der Schlussfolgerung, Merkel wolle sich nicht von Seehofer unter Druck setzen lassen.

Völlig anders ist die Situation, wenn ich die Sozialen Netzwerke nutze. Alle Politiker sind heute dort vertreten, um ihre Positionen bekannt zu machen. Ich muss diese Positionen zwar nicht immer teilen, aber ich muss sie erst einmal zur Kenntnis nehmen, ehe ich darüber ein Urteil fälle. Natürlich haben die offiziellen Seiten im Internet, die auch auf Facebook verbreitet werden, die Aufgaben, die Sichtweise der Staaten und Regierungen wiederzugeben. Beispiele dafür sind www.deutschland.de:[16]

Dabei macht erst der Blick in das Impressum den offiziösen Charakter dieser Seite klar, die in Zusammenarbeit mit dem Außenministerium erstellt wird:[17]

[16] https://www.deutschland.de/de mit einer gleichnamigen Facebook-Seite: https://www.facebook.com/deutschland.de/ (Aufruf 07. Mai 2018).

[17] Das Deutschland-Portal „deutschland.de“ ist ein Service der FAZIT Communication GmbH, Frankfurt am Main, in Zusammenarbeit mit dem Auswärtigen Amt, Berlin.

Wie viele andere nutzt auch die russischen Botschaft in Deutschland diesen Weg der Information:[18]

Ebenso die US-Botschaft in Russland[19]:

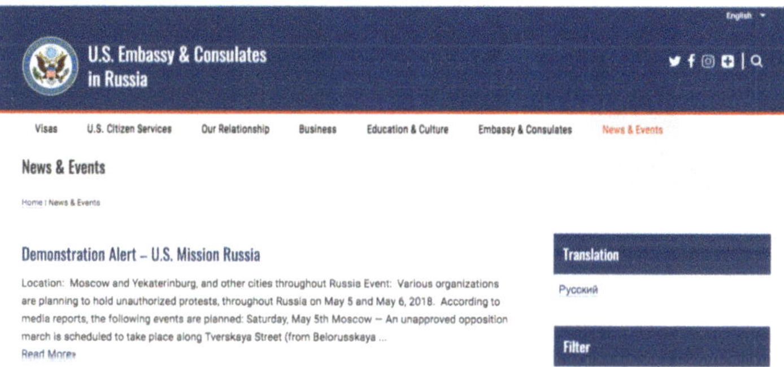

Ein weiterer Aspekt sind die Facebook-Seiten von Politikern, die sich dort als volksnah, kommunikationsoffen und zugänglich

---

18 https://russische-botschaft.ru/de/ sowie https://www.facebook.com/RusBotschaft/ (Aufruf 7. Mai 2018).

19 https://www.facebook.com/russia.usembassy/ sowie https://ru.usembassy.gov/embassy-consulates/moscow/ (Aufruf 7. Mai 2018).

präsentieren lassen. Die deutsche Bundeskanzlerin Angela Merkel weist auf ihrer zertifizierten Seite 2,5 Millionen Likes aus[20].

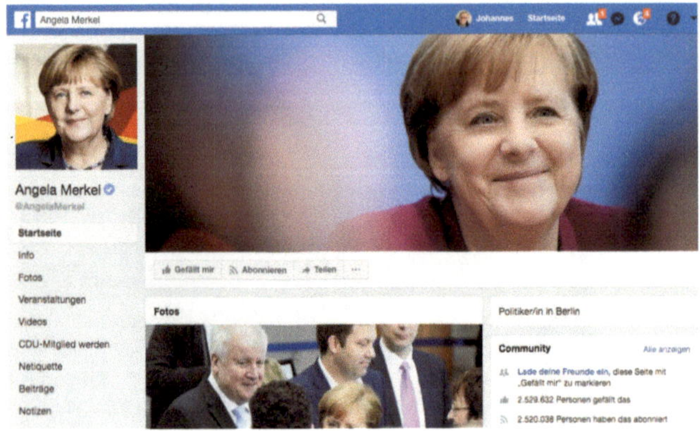

Sie „konkurriert“ auf Facebook mit mehr als 90 weiteren Fake- oder Fan-Seiten unter ihrem Namen. Komplizierter ist die Suche nach Vladimir Putin auf Facebook. Unter seinem Namen sind mehr als 150 verschiedene Seiten[21] registriert. Darunter befinden sich zahlreiche Seiten mit dem Zusatz „official“[22], von denen etliche als „Fanseiten“ bezeichnet sind ohne dass klar ist, wer genau diese Seiten betreibt.

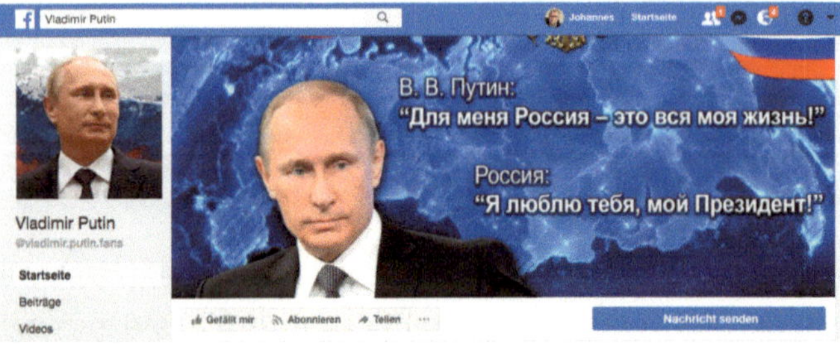

[20] https://www.facebook.com/AngelaMerkel/?ref=br_rs (Aufruf 07. Mai 2018).

[21]https://www.facebook.com/search/pages/?q=vladimir%20putin.

[22] https://www.facebook.com/search/str/vladimir+putin+official/ (Aufruf 07. Mai 2018).

Das Offiziellste dürfte eine Facebook-Seite zu seiner Wiederwahl als Präsident sein. Dabei fällt auf, dass viele offizielle Fotos sich auf den zahlreichen Facebook-Seiten für Putin widerfinden:

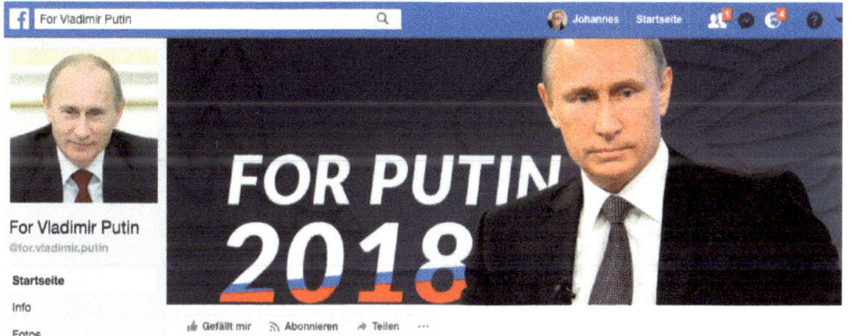

Auf jeden Fall wird hier die Auseinandersetzung um politische Positionen personalisiert. Im Gegensatz dazu gibt es bei Instagram praktisch nur die Visualisierung von Politikern, über die man Sympathien weckt und an deren Leben der Nutzer teilnehmen kann. Aber auch hier geistern sehr viele Fake-Seiten durch das Netz und man sollte dabei immer auf die Zertifizierung der Seite achten, wie sie beim US.-Präsident Trump ausgewiesen ist:[23]

[23] https://www.instagram.com/realdonaldtrump/?hl=de. Auch der russische Präsident ist auf Instagram vertreten, durchaus mit vielen offiziellen Fotos, aber mit einer nicht-zertifizierten Seite: https://www.instagram.com/president_vladimir_putin/ (Aufruf 07. Mai 2018).

Solche Bilder auf Instagram enthalten auch Informationen, oft als eine „Message“ versteckt, wie deren Protagonisten im Alltag auftreten, welche Politik sie verfolgen, welche privaten Interessen sie haben. Sie sollen das Bild des Politikers/der Politikerin transportieren – natürlich mit der Absicht, dass man sich bei ihm/ihr gut aufgehoben fühlt.

Völlig anders ist die Rolle beim folgenden Anbieter: Twitter verbreitet schnell und in wenigen Zeichen politische Botschaften und Informationen. Diese Meldungen finden oft den Weg in die Agenturen und werden auch in den Sozialen Netzwerken weitergereicht. Aus den Nutzerzahlen ist zu ersehen, dass der russische Präsident[24] aktiver und erfolgreicher ist als die deutsche Bundeskanzlerin Angela Merkel.[25] Viele Politiker nutzen inzwischen

[24] Als „President of Russia“: https://twitter.com/kremlinrussia_e mit fast 690-tausend Follower, als Vladimir Putin https://twitter.com/putinrf_eng 925-tausend Follower. Nicht berücksichtigt sind die russischesprachigen Seiten. (Aufruf 07. Mai 2018). Dabei ist zu beachten, dass gerade russische Politiker und Institutionen nicht nur die eigenen innerrussischen Sozialen Netzwerke wie VKontakte, Odnoklassniki oder moj mir, sondern auch die in den USA basierten Sozialen Netzwerke nutzen.

[25] Dagegen hat Angela Merkel nur etwas mehr als 28-tausend Follower: https://twitter.com/angelamerkeicdu?lang=de (Aufruf 07. Mai 2018). Dasselbe Ergebnis zeigt auch die englische Twitter-Version von Angela Merkel.

Twitter, um ihre Ansichten zu verbreiten, teilweise sogar politische Entscheidungen bekannt zu geben, über welche die eigene Administration noch nicht informiert wurde, wie beim US-Präsidenten Donald Trump. Ihm folgen fast 52 Millionen Leser auf Twitter.[26]

Wenn man im Durchschnitt fünf Tweets des US-Präsidenten pro Tag zugrunde legt und deren Vervielfältigung durch seinen Follower, durch Agenturen, Radio, TV, Zeitungen und andere Sozialen Netzwerke bedenkt, dann hat sich Trump inzwischen seine eigene Medienöffentlichkeit geschaffen, mit der er die von ihm so ungeliebten traditionellen Medien umgehen kann. Alle diese Netzaktivitäten sind wiederum begleitet von zahlreichen Fan- und Fake-Seiten unter denselben Namen. Deren Inhalt wird über zahlreiche andere Nutzungsmöglichkeiten in das Internet verlängert, oft auch verändert. So entstehen mediale Gegenwelten mit angeblich belegbaren Informationen, die weder journalistisch geprüft, noch eingeordnet sind.

Warum bringe ich diese Beispiele?

1. Weil sie im Netz neben den Informationsportalen genutzt und kommentiert werden.

---

[26] https://twitter.com/realdonaldtrump?lang=de. (Aufruf 07. Mai 2018).

2. Weil die jungen Nutzer nicht mehr lernen, zwischen politisch gesteuerter Information und journalistischer Unabhängigkeit zu unterscheiden.

3. Weil tatsächlich sich heute auch Politiker im Netz präsentieren, sich für ihre Positionen kritisieren lassen müssen.

4. Weil auch aus diesen Angeboten eine Meinungsbildung erfolgt und nicht nur aus rein journalistischen Publikationen.

Besonders dramatisch hat der Einfluss von Twitter durch das Verhalten des US-Präsidenten Trump zugenommen, der über Twitter sogar politische Entscheidungen bekannt gibt, die er nicht einmal zuvor mit seinem Stab oder den Regierungsmitgliedern besprochen hat – Twitter gewissermaßen als Ersatz für die Kabinettssitzung.

Natürlich gibt es aktuelle politische Diskussionen, Konflikte und manche scharfen Worte. Das alles sollte der Journalismus aber versachlichen, statt Konflikte noch anzuheizen. Auch ich stimme mit vielen aktuellen Positionen der russischen Politik nicht überein. Das wissen meine russischen Gesprächspartner und wir diskutieren unsere unterschiedlichen Standpunkte. Ich höre mir auch deren Kritik an der deutschen Politik an. Diese Kommunikation auch in Krisenzeiten ist absolut notwendig. Auch der Journalist muss mit allen Seiten reden, alle Seiten hören und alle Seiten darstellen.

Natürlich gehört zum aktuellen Journalismus nicht nur die Recherche in den Online-Medien, sondern auch in den traditionellen Medien. Ich erinnere meine Studierenden immer daran, dass sie im Internet nahezu unbegrenzten Zugriff auch auf die russischen Medien haben. Dazu zählen Dutzende von russischsprachigen Zeitungen mit Online-Ausgaben im Internet.[27] Dann gibt es eine überraschende Fülle von Radioprogrammen, die deshalb so interessant sind, weil sie auch das sehr weite Spektrum des Musikgeschmacks im russischen Publikum widerspiegeln. Unter dem beigefügten Link gibt es Zugriff auf derzeit über 560

---

[27]http://www.russischstunde.de/Uebersicht/russische_Zeitungen/russische_zeitungen.html (Abruf 29.01.2018).

Radiosender aus Russland.[28] Und die deutschsprachige Wikipedia wie auch andere Anbieter halten einen Zugriff auf fast einhundert verschiedene russische Fernsehprogramme bereit.[29]

Ich berichte hier aus der Perspektive eines Lehrers an der Hochschule, der seinen Studenten und Studentinnen zunächst die Breite des gesamten Angebotes vorführt. Dazu lernen wir den kritischen Umgang mit diesen Medien und die Art der Darstellung für andere Medien. Und nicht zuletzt hilft uns auch immer noch die Wissenschaft. Denn auch mit deren Forschungsergebnissen sollten sich die Journalisten vertraut machen. Dazu gehören auch Arbeiten zu den Kinder- und Jugendmedien, die vor allem sehr prägenden Einfluss auf die Bilder voneinander haben können.[30]

Zum Abschluss möchte ich noch auf eine Gefahrenstelle hinweisen: Es gibt viele Fälschungen im Internet. Die digitale Fotografie hat es leichtgemacht, Bilder zu verändern. Sie sollen Beweis sein für etwas, was in Wirklichkeit nie passiert ist. Hinzu kommt die Gefahr von Copy & Paste. Zu schnell wird in der Praxis aus dem Internet etwas übernommen: Texte, Fotos, Videos. Das landet dann schnell in anderen Nachrichtenforen. Eine gefährliche Praxis, die den ethischen Prinzipien des Journalismus widerspricht. Denn dadurch werden Verzerrungen und Falschmeldungen nur noch multipliziert. Manchmal dient es auch schlicht der politischen Propaganda. Um uns dagegen zu wappnen, brauchen wir gute, verantwortliche Journalisten. Und wir brauchen das Bekenntnis zu einer journalistischen Ethik im Journalismus. Diese Ethik ist der ausschließlich der Wahrheit und der Wahrhaftigkeit verpflichtet. Dazu gehört aber auch der Mut des Journalisten zu sagen, was er nicht weiß. Das ist immer noch besser, als etwas zu erfinden oder zu inszenieren. Wer sich für

[28] http://www.radio.de/land/Russland/ (Aufruf 29.01.2018).

[29] https://de.wikipedia.org/wiki/Kategorie:Fernsehsender_(Russland) (Abruf 29.01.2018), https://de.streema.com/tv/country/Russland-121, https://www.russisches-fernsehen.de/ (Aufruf 09. April 2018).

[30] http://www.kinderundjugendmedien.de/index.php/sonstiges/1263-sascha-mascha-tschick-russen-und-russland-bilder-in-kinder-und-jugendmedien-kjl-m-15-2 (Aufruf 29.01.2018).

den Journalismus entscheidet, hat sich für einen tollen Beruf entschieden. Diese Arbeit wird viel Freude bereiten und auch viel Anerkennung bringen, wenn man gut arbeitet. Doch sollten sich der künftige Journalist und die künftige Journalistin mit einem Grundgerüst ausstatten, das immer hilft, den richtigen Weg zu gehen. Zu diesem Grundgerüst gehören fünf wichtige – immer wieder zitiert – Fragen, die für einen guten Journalisten entscheidend sind:

Diese Fragen sollen Sie immer erst für sich selbst beantworten, bevor Sie über etwas berichten: Wer? Was? Wann? Wo? Wie? Daraus leitet sich in den meisten Fällen dann die abschließende Frage ab: Warum? Wenn Sie auch darauf eine Antwort finden, dann haben Sie die gesamte Breite der journalistischen Arbeit abgedeckt. Denn in seiner Wirkung soll der Journalist nicht nur über Fakten informieren und – getrennt davon – kommentieren. Seine Arbeit soll auch dazu dienen, Zusammenhänge zu erkennen. Sein Publikum soll die Gründe verstehen, warum was wo und wie geschieht. Und als wirklich letzten Gedanken zitiere ich einen Aphorismus des deutschen Dichters Novalis, mit richtigem Namen Georg Philipp Friedrich von Hardenberg (1772-1801), der für jeden recherchierenden Journalisten von Bedeutung sein kann. Sinngemäß lautet der Aphorismus: Wenn du einen Riesen triffst, so untersuche erst den Stand der Sonne – und prüfe, ob es sich nicht um den Schatten eines Zwerges handelt.

Im übertragenen Sinn heißt dies: Verlasse dich nicht auf den ersten Eindruck. Folge nicht gleich dem lautesten Auftritt, dem größten Geschrei. Prüfe den Stand der Sonne: Also prüfe alles anhand deiner eigenen, journalistischen Kriterien und der journalistischen Ethik, ehe du Informationen weiterverbreitest oder beurteilst. Dann werden auch der beste Journalist und die beste Journalistin zwar immer wieder Fehler machen. Doch solche Fehler kann man korrigieren. Man wird aber nie Gefahr laufen, dass man als Journalist oder Journalistin von anderen Interessen missbraucht und instrumentalisiert werden wird.

Journalistische Ethik - Journalistische Standards

Seit vielen Jahren wird ein Index erhoben, der so genannte GfK-Vertrauensindex. Es geht darum, in welche Institutionen und zu welchen Berufsgruppen die Befragten das größte und auch das geringste Vertrauen haben. Im Index von 2012 und 2013 rangieren die Medien in einer mittleren Position; zwar nach der Polizei, der Justiz, den Nichtstaatlichen Organisationen (NGO) , der öffentlichen Verwaltung und dem Militär; aber noch vor den Kirchen, dem Euro, der Regierung, dem Internet, den internationalen Konzernen und – an letzter Stelle – den politischen Parteien.[31]

Nun wissen wir, dass der Begriff Medien sehr breit gefasst ist. Man kann darunter Produkte des Qualitätsjournalismus ebenso verstehen wie Musik- oder Shopping-Kanäle im Fernsehen. Deshalb ist die Gegenprobe sehr interessant, wenn es um die einzelnen Berufsgruppen geht.

Das größte Vertrauen haben die Befragten auch weiterhin[32] in Feuerwehrleute, Sanitäter, Krankenpflegepersonal, Piloten, Ärzte, Apotheker, Fahrer im öffentlichen Verkehr und Polizisten. Am unteren Ende der abgefragten Vertrauensskala stehen dann die Journalisten, Werbefachleute, Versicherungsvertreter

---

[31] Gfk Verein, GfK Global Trust Report 2013, 2014: https://www.gfk-verein.org/forschung/studien/studienuebersicht/2013-global-trust-report-deutsch.

[32] https://www.gfk-verein.org/sites/default/files/medien/359/dokumente/gfk_verein_trust_in_professions_2018_eng.pdf.

und Politiker. Diese Reihenfolge variiert seit Jahren nur unwesentlich.

DEUTSCHLAND[33]
Vertrauen (voll oder ganz/überwiegend)
in Berufsgruppen

Top 10 in Prozent	**2016**	**2018**
Feuerwehrleute	96	96
Sanitäter	96	96
Krankenschwestern/-pfleger	95	95
Ärzte	89	89
Lok-, Bus-, U-Bahn-, Straßenbahnführer	89	89
Piloten	87	89
Apotheker	90	87
Ingenieure, Techniker	86	85
Polizisten	82	84
Handwerker	77	80

Bottom 10 in Prozent	**2016**	**2018**
Unternehmer	54	53
Händler, Verkäufer	52	51
TV-Moderatoren	48	50
Schauspieler	48	46
Banker, Bankangestellte	43	40
Journalisten	36	38
Profisportler, -fußballer	42	37
Werbefachleute	27	25
Versicherungsvertreter	22	23
Politiker	14	14

[33] Quelle: Trust in Professions 2018 - eine Studie des GfK Vereins. https://www.presseportal.de/pm/80428/3896941 (Aufruf 01. Juli 2018)

In der Pauschalierung liegt zwar immer eine Gefahr. Denn es wird nicht konkret unterschieden nach einzelnen Personen, sondern nur nach der Typologie des Berufes. Dennoch sollte das geringe Ansehen der Journalisten und damit des Journalisten-Berufes uns sehr zu denken geben.

Uns, damit meine ich diejenigen, die mit der Ausbildung von Journalistinnen und Journalisten beschäftigt sind, wie auch diejenigen, die journalistische Arbeit in der Praxis verantworten. Denn auch dem Journalismus liegt – ebenso wie etwa dem Arztberuf – eine ethische Haltung zugrunde, die erlernt, verinnerlicht und angewandt werden sollte. Und diese Regeln gelten für alle Arten des Journalismus: Im Bereich der lokalen und regionalen Berichterstattung, im Bereich der nationalen und der internationalen Berichterstattung.

Gelernt habe ich diesen Beruf bei einer kleinen Lokalzeitung, der Hildesheimer Allgemeinen Zeitung. Wenn ich dort den Stadtrat nicht korrekt zitiert habe oder den Namen eines Vereinsvorsitzenden falsch geschrieben habe, dann war der Teufel los. Die kleinsten Kleinigkeiten unterlagen einer gnadenlosen öffentlichen Kontrolle. Und Kritik wurde sofort und persönlich angebracht. Dies ist sicher die beste Schule, Verantwortung für sein journalistisches Handeln zu übernehmen.

Auch als politischer Korrespondent in der damaligen Hauptstadt Bonn konnte Ähnliches passieren. Politiker ließen und lassen die Medien auswerten. Sie wollen wissen, ob und wie sie darin vorkommen. Der spätere Bundestagspräsident Wolfgang Thierse, ein Politiker aus Ostdeutschland, sprach nach seinen Erfahrungen in Bonn etwas verächtlich von der Mund-zu-Mund-Beatmung zwischen Journalisten und Politikern.

Neben – erstens – der schlichten Korrektheit der Fakten gehört deshalb als Zweites die journalistische Unabhängigkeit zu diesem Beruf. Das klingt auf den ersten Blick sehr einleuchtend, aber in der richtigen Krise ist diese Unabhängigkeit eine große Herausforderung. Denn ein Journalist darf sich nicht mit dem Gegenstand seiner Berichterstattung gemein machen. Er vertritt nie die Interessen der Vorkommnisse, über die er berichtet. Er bleibt in sachlicher Distanz, solange er nicht kommentiert und

Kommentare als solche erkennbar sind. Ich erinnere mich sehr lebhaft an die Berichterstattung aus dem Arabischen Frühling, der von zahlreichen ausländischen Journalisten regelrecht bejubelt wurde. Mir fehlten dabei oftmals zwei Dinge:

Erstens fehlte mir häufig die notwendige Distanz, aus der heraus man hätte sehen können, dass der Slogan „Demokratie" nicht automatisch zu einem demokratischen Verhalten derjenigen führt, die mit diesem Slogan ihre Demonstrationen bestreiten.

Zweitens fehlte mir mindestens ebenso häufig der Sachverstand, der notwendige kulturelle und historische Fakten in einen Zusammenhang mit den Protestbewegungen hätte bringen können.

Doch je weiter weg ein Berichtsgebiet ist, je unbekannter das Land und seine Kultur für uns sind, desto unschärfer ist auch unsere Wahrnehmung und Kritikfähigkeit gegenüber dem journalistischen Produkt, das sich mit diesem Land beschäftigt. Um so wichtiger ist ein dritter Punkt der journalistischen Ethik, eine Ethik, die vom Lokaljournalismus bis zur Auslandsberichterstattung alle Spielarten der Darstellungen umfasst: Der/Die Berichterstatter müssen dem Publikum gegenüber Rechenschaft über ihre Quellen ablegen. Nicht immer und in jedem Einzelfall. Aber generell sollte das Publikum wissen, auf welche Quellen sich die Berichte stützen.

Natürlich decken viele Journalisten diesen Anspruch mit dem Hinweis ab, sie hätten diese oder jene Tatsache aus so genannten informierten Kreisen erhalten. Natürlich gibt es Informantenschutz. Aber spätestens gegenüber dem verantwortlichen Redakteur oder Chefredakteur müssen die Quellen offengelegt werden. Nur so können Qualitätsmedien gegenüber dem Publikum ihre Glaubwürdigkeit behalten. In besonderen Fällen habe ich als Letztverantwortlicher sogar die Redaktionsleiter und Chefredakteure davon freigestellt und die journalistischen Autoren verpflichtet, nur mir gegenüber die Informationsquellen zu nennen. Im Gegenzug habe ich ihnen jeden Schutz gegen Zugriffe von außen durch so genannte „pressure groups" garantiert.

Auch wenn ich diese drei Punkte generell im Journalismus geltend mache, so sind sie als Qualitätsstandards im öffentlich-rechtlichen Bereich besonders eindringlich einzufordern. Denn wir leisten uns in Europa ein System von Public Broadcast, das uns einen profitfreien, nicht von Interessen gesteuerten Journalismus sichern soll. Und dieser „public service" ist nichts weniger als ein Faktor der demokratischen Meinungsbildung, weil er nicht nur umfangreich die Fakten darstellt, sondern begleitend dazu dem Publikum ein pluralistisches Meinungsspektrum an Kommentaren und Einschätzungen anbietet, also bewusst angehalten ist, jede Einseitigkeit zu vermeiden.

Neben den Nachrichtenagenturen unterhalten die BBC in Großbritannien und die ARD in Deutschland die weltweit größten Korrespondentennetze. Das sind gewaltige Investitionen. Das ist auch eine gewaltige Verantwortung. Gleichwohl müssen wir uns fragen: Werden wir in der Priorisierung der Berichterstattung den Ereignissen wirklich gerecht? Denn in den so genannten wichtigen Hauptstädten wie Washington, London, Paris, Brüssel und auch Moskau herrscht eine sehr große Dichte an Korrespondenten. Doch bis vor kurzem gab es in dem größten europäischen Flächenstaat, der Ukraine, so gut wie keine festen Auslandskorrespondenten. Das Land wurde und wird immer noch meist durch die Büros in Moskau und/oder Warschau mit betreut.

Noch schwieriger wird es, wenn wir nach Afrika, Asien oder Südamerika schauen. Für das Erste Deutsche Fernsehen ist in Südamerika ein einzelner Korrespondent mit Sitz in Rio de Janeiro zuständig für Brasilien, Peru, Bolivien, Paraguay, Uruguay, Argentinien und Chile. Der Hörfunk hat ebenfalls einen Korrespondenten in Buenos Aires für dasselbe Berichtsgebiet.

Da ich in meiner früheren Zuständigkeit im Radio auch die Verantwortung für die Auslandsberichterstattung unter anderem aus Südamerika hatte, kann ich schildern, welche Maßstäbe wir dort angelegt haben. Der Kandidat/die Kandidatin erhielt in der Regel zwei bis drei Jahre Vorbereitungszeit. In dieser Zeit mussten die Anwärter auf den Korrespondentenplatz den Kontinent ausführlich bereisen, mehrere Ferienvertretungen zum Einarbeiten übernehmen und selbstverständlich fließend Spanisch sprechen und nach Möglichkeit sich auch um Portugiesisch bemühen.

Die Situation in Afrika ist auch nicht viel befriedigender: Vier ARD-Studios in Johannesburg, Kairo, Nairobi und Rabat decken den gesamten Kontinent ab – aber immerhin mit dreizehn (Stand April 2018) Korrespondentinnen und Korrespondenten.

Hier zeigt das Beispiel am Korrespondentenplatz Kairo, wie weit dessen Zuständigkeit reicht: von Libyen bis zu den Vereinten Arabischen Emiraten.[34]

Der Korrespondentenplatz Nairobi mit zwei TV-Korrespondentinnen und einer Hörfunkkorrespondentin umfasst sogar beinahe den halben afrikanischen Kontinent in seiner journalistischen Zuständigkeit: von der Sahara bis nach Madagaskar.[35]

An einem anderen Fallbeispiel aus Asien soll gezeigt werden, dass auch hier die Lage sehr herausfordernd für Korrespondenten ist. So ist das Studio Singapur zuständig für den Bereich von Vietnam bis Australien, von Papua-Neuguinea bis Thailand. Und mittendrin noch der größte islamische Staat der Welt, Indonesien.

Zum Vergleich sei erwähnt, dass allein für die USA 13 Korrespondenten und Korrespondentinnen (Stand April 2018) der ARD Radio und Fernsehen an drei Plätzen stationiert sind: Washington D.C, New York City und Los Angeles.

---

[34] Zu diesem Berichtsgebiet zählen Libyen, Ägypten, Sudan, Südsudan sowie im Nahen Osten Jordanien, Libanon, Syrien, Irak, Kuwait, Saudi-Arabien, Jemen, Oman, Vereinigte Arabische Emirate und Katar.

[35] Für den Hörfunk: Äthiopien, Afar- und das Issar-Territorium (Djibouti), Burundi, Eritrea, Kenia, Republik Kongo, Demokratische Republik Kongo, Ruanda, Somalia, Tansania, Uganda, Gabun, die Zentralafrikanische Republik, Seychellen. Für das Fernsehen: (außer Eritrea) zusätzlich Sahara, Mauretanien, Senegal, Gambia, Guinea-Bissau, Sierra Leone, Liberia, Elfenbeinküste, Ghana, Togo, Benin, Kamerun, Äquatorial-Guinea, Gabun, Mali, Burkina Faso, Niger, Nigeria, Sambia, Malawi und Madagaskar.

Hier also 13 Berichterstatter in einem Land mit einem einheitlichen politischen System, einer einheitlichen Außen- und Bündnispolitik.

Im Gegensatz dazu dieselbe Anzahl von Korrespondenten und Korrespondentinnen für ganz Afrika und die darüber hinaus gehende arabische Welt mit mehr als 60 Staaten, die sich in ihrer Geschichte, politischen Verfassung, Konfliktfeldern und Kulturen erheblich voneinander unterscheiden.

Wie können da der Journalist/die Journalistin auf angemessene Weise Vermittler von Fakten und gleichzeitig Vermittler zwischen den Kulturen sein? Wie kann man seine Themen in einem inhaltlich und zeitlich begrenzten publizistischen Rahmen so platzieren, dass sie als wichtig wahrgenommen und weitervermittelt werden? Jeder Korrespondent, jede Korrespondentin kennt den Frust: Ein Thema wird in der Region als wichtig erachtet, macht Schlagzeilen, aber zu Hause tobt die Debatte um die Rentenerhöhung oder um die Plagiatsaffäre eines Ministers – und schon wird alles andere nach hinten geschoben oder entfällt.

Als ein Beispiel greife ich das Thema der Energie, das im besten Sinne ein klassischer Fall für ein Konjunkturthema ist.

Als ich 1967 den Führerschein machte, kostete der Liter Benzin 48 Pfennig, das wären heute knapp 25 Cent. Und die Preissteigerungen waren zunächst sehr gemäßigt. Doch als ich 24 Jahre alt war, also 1973, habe ich zum ersten Mal in meinem Leben überhaupt über die Grenzen des Energie-Wachstums nachgedacht. Der Benzinpreis verdoppelte sich, das Heizöl wurde ebenfalls überproportional teurer. Die erste Ölkrise war ausgebrochen.

Hintergrund war der Krieg im Nahen Osten. Die OPEC, also die Organisation der erdölfördernden Staaten, drosselte die Produktion als Antwort auf die westliche Unterstützung für Israel. Der Preis für das Barrel Öl kletterte von damals drei Dollar innerhalb von 16 Monaten auf 12 Dollar. Heute liegt er bei 80 US-Dollar aktuell.

Die Bundesregierung traf ihre Entscheidung am 25. November 1973: An vier Sonntagen galt ein Fahrverbot für den Auto-

und LKW-Verkehr. Die Autobahnen in Deutschland blieben leer.

Dem folgte in der Bundesrepublik ein Energie-Sicherungsgesetz. Seither begleitet die Energiefrage uns unter zwei Aspekten:

Einmal geht es um die Grenzen des Wachstums.

Zweitens geht es um Energie als politische Waffe.

Wenn wir ehrlich sind, haben die meisten Medien damals die weitreichenden Folgen der Energiefrage noch nicht erkannt. Ich erinnere mich noch gut daran, wie verzweifelt wir im Journalismus nach Fachleuten gesucht haben, die uns diese Zusammenhänge erklären konnte. Wir hatten in den Redaktionen Fachleute für Politik, Volkswirtschafts- und Rentenfragen, für Rüstung und Abrüstung, für Ideologie und Parteienentwicklung, für Gewerkschaften und Kirchen – nur es mangelte an ausreichendem publizistischen Sachverstand bei der weltumspannenden Frage der Energie. Heute ist dieser Bedarf erkannt und weitgehend in den Redaktionen berücksichtigt.

Ganz aktuell erleben wir an der Krise um die Ukraine die politische Dimension der Energiefrage. Nach den USA, die einen sehr großen Eigenbedarf haben, ist Russland der weltweit zweitgrößte Gasproduzent, aber gleichzeitig ist Russland der weltweit größte Gasexporteur.[36] Ähnlich verhält es sich bei der Erdölproduktion. Auch hier ist Russland – dieses Mal nach Saudi-Arabien – der weltweit zweitgrößte Erdölproduzent und der zweitgrößte Erdölexporteur. [37]

Doch anders als die USA veredelt Russland seine Rohstoffe nicht zu wertvollen Konsumgütern, sondern verkauft seine Rohstoffe weiter. Das bedeutet konkret, dass der russische Staatshaushalt zu etwa 40 Prozent durch den Erdgas- und Erdölverkauf finanziert wird.

---

[36] https://de.wikipedia.org/wiki/Erdgas/Tabellen_und_Grafiken (Aufruf 13. Mai 2018).

[37] https://de.wikipedia.org/wiki/Erd%C3%B6l/Tabellen_und_Grafiken (Aufruf 13. Mai 2018).

Eigentlich: Denn im Rahmen der Ukraine-Krise gab es Lieferausfälle, Streit um das Geld, Streit um konkurrierenden Pipelines, Sorgen im Westen, dass wir im Winter ohne ausreichende Energie sind. In diesen Fragen wurde im Herbst 2014 ein Kompromiss gefunden, der aber nur bis zum nachfolgenden Frühjahr vereinbart wurde.

Zum Hintergrund muss man auch wissen: Der russische Präsident Putin kann sein ehrgeiziges politisches Programm mit gewaltigen Kosten im Sozial- und im Militärbereich nur finanzieren, wenn der Ölpreis – an den ja der Gaspreis gekoppelt ist – zwischen 95 und 100 Dollar pro Barrel liegt.

Was aber ist passiert?

Der Ölpreis ist im Verlauf der Ukraine-Krise von etwa 95 Dollar auf gerade mal 80 Dollar gefallen. Damit ist der russische Staatshaushalt teilweise gefährdet, weil darüber hinaus westliche Sanktionen den russischen Banken den Zugang zu westlichen Finanzmärkten verbieten. Russland konnte also nicht einmal internationale Kredite aufnehmen, um eine Krise zwischenzeitlich zu finanzieren.

In Russland wurde vermutet, dass die USA und Saudi-Arabien gemeinsam den Ölpreis beeinflussen wollten, um dadurch Präsident Putin unter Druck zu setzen. Anzeichen dafür war die Tatsache, dass Saudi-Arabien die Fördermenge erhöht und den Ölpreis gesenkt hat. Auf diese Weise mussten die anderen erdölfördernden Staaten nachziehen. Und automatisch sank auch der für Russland so wichtige Gaspreis.

Übrigens sind russische Quellen und vor allem die offizielle Sichtweise der staatlich gelenkten Medien heute im Internet in vielen Sprachen authentisch zu recherchieren.[38]

Warum bleibe ich bei einem Referat, das sich mit ethischen Standards beschäftigt, solange an diesem Beispiel hängen, werden Sie sich fragen?

Ganz einfach: Hieran erweist sich

---

38 https://de.sputniknews.com/zeitungen/20141013269777668-l-Preiskampf-bedroht-Russland/ (Aufruf 13. Mai 2018).

1. die politische Brisanz des Themas Energie,

2. die publizistische Herausforderung damit umzugehen und

3. die Notwendigkeit, sachkundig darüber zu berichten mit mindestens dem Hintergrundwissen, welches ich Ihnen gerade referiert habe.

Unabhängig von der Brisanz solcher aktuellen Themen gilt für mich jedoch immer als Qualitätsmerkmal im Journalismus die Balance zwischen Wahrheit und Wahrhaftigkeit. Die recherchierten Fakten müssen in möglichst hohem Maße der Wahrheit der Ereignisse entsprechen. „In möglichst hohem Maße" heißt aber, dass auch bei sorgfältigster Recherche Fehler passieren, Fakten nicht ermittelt werden können. Und hier setzt nun das Balance mit der Wahrhaftigkeit ein. Der Journalist/die Journalistin muss nicht nur sich selbst, sondern auch dem Publikum Rechenschaft darüber ablegen, was er/sie nicht weiß oder nicht wissen kann.

Ähnliche Erfahrungen machen all jene Reporter, die sich zwischen Kriegsfronten bewegen oder sich als „embedded journalist" einer der Krieg führenden Parteien anschließen. Hier kann erst die Zusammenführung der Information in der Heimatredaktion dafür sorgen, dass ein ausgewogenes Bild zustande kommt, für dessen Wahrheitsgehalt die Medien dann nach besten Wissen und Gewissen geradestehen können.

Wir erinnern uns vielleicht noch an den Beginn des Irak-Krieges 2003. Vor allem amerikanische Fernsehsender übertrugen Kamerabilder direkt von den vorrückenden Panzern in die ganze Welt. Friedrich Nowottny, damals am Ende seiner Amtszeit als Intendant des Westdeutschen Rundfunks, prägte den Satz:

„Der Blick des Journalisten fällt durch den Sehschlitz des Panzers. Und der ist nicht sehr groß." Dennoch wurde diese einseitige Sichtweise als scheinbar objektive Berichterstattung, die einzig der Wahrheit verpflichtet ist, von vielen Menschen konsumiert.

Ein visueller Höhepunkt dieses Krieges war eine Filmszene in Bagdad, die zeigte, wie US-Soldaten mit der amerikanischen Fahne das Gesicht eines gigantischen Saddam-Hussein-Denkmals verhüllten und es dann stürzten. Diese scheinbar spontane Aktion war – wie man später erfuhr – bereits Wochen vor dem

Krieg von einer PR-Agentur ausgedacht worden. Die Wahrheit hinter dieser Wirklichkeit konnte damals kein Reporter erahnen, der diese Szene live miterlebt und darüber berichtet hat.

Doch die Erfahrung als Reporter im Umgang mit Parteien, die aktiv den Krieg führen, lehrt, dass in der Regel die Information der Propaganda untergeordnet wird, das heißt: in den Dienst der Propaganda gestellt wird.

Nicht nur im Zweiten Weltkrieg wurden militärische Niederlagen und Rückzugsgefechte als so genannte Frontbegradigung der Öffentlichkeit verkauft. Die Niederlage der amerikanischen Truppen in Vietnam wurde nach außen hin sogar mit einem vermeintlichen Friedensabkommen besiegelt, obwohl sich dahinter die Kapitulation der US-Strategie verbarg.

Zuweilen stehen Reporter unter großem Druck, aus einem Krisengebiet authentisch zu berichten, finden aber keinen Zugang zu den vermeintlichen „hot spots". Eine Erfahrung aus dem Afghanistan-Krieg zur Zeit der sowjetischen Besatzung 1988 ist mir in lebhafter Erinnerung geblieben. Kleine Gruppen von Journalisten wurden – von Moskau aus – nach Kabul geflogen. Ziel der sowjetischen Seite war es, die Öffentlichkeit auf einen Politikwechsel vorzubereiten, nämlich auf den Abzug der sowjetischen Armee aus Afghanistan. Natürlich flammten noch überall Kämpfe auf. Die mitgereisten Kamerateams wollten genau darüber berichten. Andererseits hatten unsere Betreuer strengste Anweisung, uns vom eigentlichen Kampfgeschehen fernzuhalten. Als Alternative wurden wir zu einem kleinen Dorf keine dreißig Kilometer außerhalb von Kabul gefahren. Auf einem kleinen Hügel stand ein bereits zerschossenes altes Lehmgebäude, mehr eine Hütte, umgeben von anderen, bereits zerfallenen Lehmbauten. Die Fernsehreporter wurden angewiesen, ihre Kameras in Stellung zu bringen. Dann feuerten mit Riesengeschrei herumstehende Soldaten der afghanischen Armee mit Leidenschaft auf diese Ruinen. Die Kameraleute erhielten somit ohne jede Gefährdung ihre Kampfbilder, begleitet von einer eindrucksvollen akustischen Kulisse. Außerdem konnte die internationale Presse berichten, dass nun die afghanische Armee die Verteidigung des

Landes übernommen habe, da ja keine sowjetischen Soldaten zu sehen waren.

In der Tat baute Afghanistan damals unter Staatschef Mohammed Nadschibullāh mit sowjetischer Hilfe eine eigene Armee auf. In der Tat sollte sich die Sowjetarmee im Jahr darauf zurückziehen. Dennoch gebietet es die Wahrhaftigkeit, den wahren Ablauf der Geschehnisse zu schildern. Die Schilderung der propagandistischen Absichten dient in solchen Fällen der Wahrheitsfindung sicher mehr als das Vorspielen falscher Tatsachen, man sei als Reporter direkt in das Kriegsgeschehen involviert gewesen.

Ein letzter Punkt jedoch macht mir am meisten Sorge. Und zwar die Sorglosigkeit, mit der heute ungeprüfte und unüberprüfbare Quellen zur Grundlage der Berichterstattung und der Meinungsbildung genutzt werden. Das Internet bietet eine unüberschaubare Fülle von Material: Smart-Phone Videos von Kampfhandlungen; Aufrufe radikaler Gruppen; Blogs mit unüberprüfbaren Einträgen und Behauptungen.

Überdies ersetzt Copy-and-Paste zuweilen die eigene Recherche. Hier muss die Ausbildung ansetzen, die den angehenden Journalistinnen und Journalisten an Recherchen heranführt, die nachvollziehbar und auch nachprüfbar sind. Sie werden verstehen, dass ich deshalb die Ausbildung bei einer Lokalredaktion für die beste Schule halte, da dort noch nahezu alles durch die betroffene Öffentlichkeit überprüft werden kann. Wer in dieser lokalen Welt die Ethik des Journalismus in sich aufgenommen hat, der wird auch in der großen Welt der Auslandsberichterstattung bestehen können. Dennoch bleibt jeder Journalist, jede Journalistin ein Leben lang angehalten, sich selbst zu prüfen:

Kann der Wahrheitsgehalt meiner Berichte der Frage nach der Wahrhaftigkeit meiner Recherche standhalten?

Wie sozial sind soziale Netzwerke?

Noch bevor ich in die Schule kam, interessierte ich mich für das, was in einem Radio vor sich ging. Ich wollte wissen, wie diese Menschen in das Gerät kommen, um dort zu sprechen oder zu musizieren. Und ich wollte wissen, ob ich mit diesen Menschen Kontakt aufnehmen könnte. Meine weitaus älteren Schwestern erklärten mir im Vorschulalter, die Sprecher und Musiker liefen durch das Stromkabel aus der Wand in das Radio hinein. Und wenn das Programm beendet sei, packten sie alles zusammen und verließen das Gerät wieder durch das Stromkabel Richtung Steckdose.

Ich war begierig, mit den Radiomenschlein Kontakt aufzunehmen. Als ich alleine im Zimmer war, wartete ich – mit einer Schere in der Hand – das Ende eines Musikstückes ab. Noch bevor der Sprecher mit der Absage begann, schnitt ich schnell das Kabel durch in der Hoffnung, nun müssten mir alle die Musiker in die Hand purzeln und ich könnte endlich mit Ihnen in Kontakt treten.

Das Unglück war verhältnismäßig überschaubar. Ein Kurzschluss, eine versengte Schere, eine verbrannte Hand und ein heulender Knabe.

Heute würde ich natürlich einen anderen Weg zur Kontaktaufnahme gehen, dank sozialer Netzwerke. Denn sie ermöglichen Zugang zu unseren Programmleuten – allen voran über Facebook. Broadcast, also die Sendefunktion von einem Punkt zu vielen Empfängern, in einen Dialog zu verändern, gewissermaßen einen Rückkanal aufzubauen, ist heute Kommunikationsstandard. Etwas euphorisch haben wir dieser Plattform den Begriff der sozialen Netzwerke zugeschrieben, ohne zu wissen, dass es dabei zwar keine verbrannten Hände, sehr wohl aber verbrannte Seelen geben kann.

Natürlich ist mir klar, dass diese Einrichtung, die im Englischen als „social network“ firmiert, nichts mit dem Begriff „sozial“ zu tun hat. Korrekterweise müsste man dies mit „gesellschaftlichem Netzwerk“ übersetzen. Das konterkariert natürlich auch die Überschrift über diese Einlassung, hat aber dennoch seine Berechtigung, weil unter dieser Rubrik manches passiert, was nicht unbedingt unsere gesellschaftliche Billigung finden dürfte.

Im Gegensatz zu dieser virtuellen Welt stehen die realen sozialen Netzwerke, die zu Recht ihren Namen verdienen. Mein Vater gehörte nach dem Krieg in Niedersachsen zu den Mitbegründern des „Hilfswerks der Freien Wohlfahrtverbände“, ein echtes Netzwerk sozialen Engagements. Dort wirkten Innere Mission, Arbeiterwohlfahrt, Jüdische Wohlfahrt und Caritas gemeinsam. Es ging darum, eine Verbindung zu schaffen zwischen allen Hilfsbereiten und allen Hilfsbedürftigen in der Nachkriegszeit: Überlebende KZ-Opfer, verwaiste Kinder, Flüchtlinge und Vertriebene, Staatenlose oder solche Menschen, denen die Rückkehr in ihre Heimat (oft wegen der kommunistischen Machtergreifung) verwehrt war. Die Flüchtlingslager in Friedland und Uelzen – sicher auch anderswo in Deutschland – waren überfüllt. Die letzten Kriegsgefangenen kamen erst 1955 aus der Sowjetunion zurück.

Ich selbst wurde von meinen Eltern in jenen Jahren überall mit hingenommen. Noch heute spüre ich die halbrund-geduckte Bauform der Nissenhütten aus den Lagern, in denen es mir immer zu warm oder zu kalt vorkam. In der amerikanischen Presse gibt es Fotos aus jenen Jahren, die mich, den erfolglosen Erforscher von Musikern und Sprechern im Radioempfänger, mit einem großen Schild NCWC zeigen. Ich stehe auf einem amerikanischen Militärlaster, aus dem die Care-Pakete verteilt wurden, mal von der National Catholic Welfare Conference, dann wieder von den Quäkern aus den USA. Bis heute wirken diese realen sozialen Netzwerke fort, institutionell weiter in der Hand solcher Verbände wie der Inneren Mission, undenkbar aber ohne das vielfältige Engagement von ehrenamtlichen Helferinnen und Helfern. Viel Gutes wurde zu Notzeiten geleistet, und viel Gutes wird weiter geleistet, weil gesellschaftliche und individuelle Not immer wieder Konjunktur haben. Hier geschieht das Gegenteil dessen, was sich in der virtuellen Welt jener sozialen Netzwerke vollzieht, die ich mit einem kritischen Blick hier im Folgenden betrachten werde. Nun also der Sprung in eine Gegenwart, die mehrheitlich noch von der jüngeren Generation gelebt wird.

Vielen wird dabei die traurige Geschichte bekannt sein, die der „New Yorker" unter dem Titel „The Story of a Suicide" bekannt gemacht hat. Dabei handelte es sich um einen Studenten, der seinen Mitbewohner über eine Webcam bespitzelt hat, um dann – in etwas gehässiger Absicht – dessen schwule Neigungen im Internet zu posten. Der ausspionierte Student beging Selbstmord.

Ich kann nicht sagen, ob hier ein Zusammenhang besteht zu der Entscheidung von Facebook, für solche Fälle eine Art Prophylaxe anzubieten. Zumindest können inzwischen Facebook-Freunde reagieren, falls jemand aus deren Community Suizidgedanken äußert. Facebook bietet als Hilfe eine Hotline und einen Link zu einem Berater an. Der Gang zu einer sozialen Einrichtung, zu einem glaubwürdigen Berater aus der realen Welt, ist hier nicht mehr vorgesehen.

Viele Nutzer von Facebook, Myspace und anderen Plattformen machen sich vermutlich nur selten klar, dass sie mit ihren Einträgen nicht nur ihre Freunde „beglücken". Oftmals werden ihre Daten von einem Metadaten-Staubsauger aufgesogen und weiterverarbeitet. Damit meine ich nicht die werbetreibende Wirtschaft, die georeferenziell und personenbezogen ihre Reklameangebote individualisiert und für jeden zielgruppenspezifisch das Richtige zur rechten Zeit anzubieten glaubt. Das ist ein Preis, den zu bezahlen jeder in Kauf nimmt, welcher scheinbar kostenfreie Angebote im Internet nutzt. Mir scheint sich hier eine Entwicklung aufzutun nach dem Motto: „Überantworten Sie uns ihre Existenz, und wir führen Ihr Leben für Sie."

Reale soziale Hilfe beabsichtigt das Gegenteil, nämlich die Selbstverantwortung des Menschen zu fördern und zu stützen und nur subsidiär und dann auch unter der Achtung der Menschenwürde helfend einzugreifen.

Doch im Internet geht es um noch mehr, zum Beispiel um LexisNexis, einen Dienst, der Programme anbietet, um in den USA Behörden mit Informationen aus den sozialen Netzwerken zu versorgen. Das kann mal für die IRS (Internal Revenue Service), die US-amerikanische Steuerbehörde, interessant werden oder aber für die Einwanderungsbehörden.

Wenn man weiß, dass US-Staatsbürger, wenn Sie erst einmal eine „Social Security Number“ haben, unabhängig von ihrem Wohnsitzland immer in den USA steuerpflichtig bleiben, der wird verstehen, dass die internationale Vernetzung von Facebook eben doch den Hinweis auf gutverdienende US-Staatsbürger in anderen Ländern ermöglicht. Und sei es nur, weil einer mit seinem neuen Auto, einer teuren Reise oder Ähnlichem bei Freunden angeben will.

Nicht weniger interessant sind für Einwanderungsbehörden weltweit die sozialen Netzwerke etwa bei Asylverfahren. Hier geht es darum, Spuren in das Ursprungsland oder zu Verwandten zurückzuverfolgen und zu testen, ob die amtlich gemachten Angaben mit der Wirklichkeit übereinstimmen.

In der Süddeutschen Zeitung hat am 10. Februar 2012 Lori Andrews, Direktorin vom „Institute for Science, Law and Technologie“ am „Chicago-Kent College of Law“ diese und andere Überraschungen aus der Welt der sozialen Netzwerke geschildert. Dabei erwähnt sie auch eine Firma namens SPOKEO, die für Personalabteilungen das Netz durchforsten. Einer Studie zufolge haben 70 Prozent aller Personalchefs in den USA eine Bewerbung unter Berufung auf Informationen aus dem Internet abgelehnt.

Es sollte heute jedem Nutzer von sozialen Netzwerken, aber auch von E-Mails klar sein, dass natürlich gigantische Massen auf vermeintlich kritische Begriffe durchforstet werden, und zwar von Geheimdiensten rund um den Globus. Der Bundesnachrichtendienst (BND) ist in dieser Sache ebenso fleißig wie andere Dienste. In den Medien taucht immer wieder die Zahl von bis zu

37 Millionen E-Mails, die der BND pro Jahr auf Reizbegriffe prüfen lässt, ohne dass die Nutzer davon etwas mitbekommen.[39] Dann erfolgt eine zweite Stufe der Prüfung, um zu sehen, ob die Scanner nur einer witzigen Formulierung aufgesessen sind oder gar gesetzeswidrige Aktivtäten entlarvt haben. Natürlich gibt es eine Reihe von Rechtsvorschriften dabei zu beachten, aber in den USA hat die Homeland Security zuweilen den Eindruck sehr voreiliger Maßnahmen vermittelt.

Anhand einer harmlosen fiktiven Mail oder eines Tweets, einem Text, den ich mir für heute ausgedacht habe, werden Sie erkennen, wie schnell man in ein Fahndungsnetz geraten kann, wenn der Scanraster auf bestimmte Suchwörter eingestellt ist. Der Text, den ich dafür formuliert habe, lautet:

„Heute erwartet Sie eine Bombenstimmung. Wir revolutionieren ihre Party und lassen es krachen – eine Explosion von Spaß und Überraschungen. Rechts und links werden ihre Nachbarn radikal neidisch reagieren. Buchen Sie noch heute den Knalleffekt für jede lustige Gesellschaft."

Ein konkretes Beispiel dafür hat im Netz die Runde gemacht: Ein Brite namens van Bryan wollte mit seiner Freundin in die USA reisen. Offensichtlich in Urlaubsstimmung twitterte er etwas von "destroying America and digging up Marilyn Monroe". Der junge Mann und seine Freundin wurden bereits bei der Einreise in den USA abgefangen, verhört, zwölf Stunden festgesetzt und dann wieder zurück nach Großbritannien geschickt. Dort wiederum regte man sich über die vermeintliche Dummheit jener Fahnder auf, die nicht wissen, dass man im britischen Englisch gerne "to destroy" als Synonym verwendet für den Ausdruck "eine tolle Zeit haben".

Wem solche Zwischenfälle bekannt und die Folgen bewusst sind, der wird seine Kommunikation in den sozialen Netzwerken überdenken und nicht allzu vertrauensselig darauf bauen, dass alles nur auf den freigegebenen Kreis der angemeldeten Freunde begrenzt bleibt. Natürlich gibt es genügend Beispiele, wie Hacker

[39] Süddeutsche Zeitung, 17./18. März 2012.

das Vertrauensverhältnis unter Freunden ausgenutzt haben. Beispiel: Ein Hilfeschrei im Netz, auf einer gehackten Facebook-Seite. Der angebliche Inhaber dieser Facebook-Seite schreibt an seine „Freunde“: „Ich sitze in London fest und mir ist alles Geld geklaut worden.“ Dazu ein paar vermeintlich intime Anspielungen auf Daten – ebenfalls im Internet geklaut – , die niemand außer den besten engsten Freunden kennt. Und schon hat jemand zur Hilfe Geld über Western Union an eine hinterlegte Anschrift rausgeschickt. Geschickt gelinkt, kann man da nur sagen. Einige solcher erstaunlichen Beispiele schilderte Ulrich Hottelet schon vor drei Jahren im Online-Forum der Wochenzeitung DIE ZEIT.[40]

Den wenigsten ist vermutlich bewusst, dass zum Facebook und Google Plus moralische Grundsätze für die Nutzung ihrer Dienste formuliert haben, die anerkannt werden müssen. Das Cybermobbing ist demnach ausdrücklich verboten ebenso wie die Verherrlichung von Gewalt oder Identitätsklau durch Aneignung fremder Daten. Twitter hingegen vertraut auf die Eigenverantwortung seiner Nutzer. Dies alles schließt aber das professionelle Data-Mining, also die Auswertung der Daten durch Dritte nicht aus.

Es erscheint heute müßig, die genauen Zahlen von Nutzern in sozialen Netzwerken oder die Rekorde bei Tweets pro Sekunde zu benennen. Im ersten Fall sind es viele hunderte von Millionen Menschen und im zweiten Fall dürfte irgendwann auch die Zehntausender-Grenze von Tweets pro Sekunde bei einem Großereignis erreicht oder gar überschritten werden. Als einer der Höhepunkte galten 2012 bei der Wiederwahl von Barack Obama als US-Präsident 327.452 Tweets pro Sekunde.[41] Bei 330 Millionen aktiven Twitter-Nutzern im Jahr 2017[42] dürfte sich diese Spitzenleistung noch steigern lassen.

---

[40] 23. Juli 2009.

[41] https://de.statista.com/statistik/daten/studie/217435/umfrage/weltweite-ereignisse-mit-den-meisten-tweets-pro-sekunde/ (Aufruf 10. April 2018).

[42] http://www.futurebiz.de/artikel/twitter-statistiken-2017/ (Aufruf 10. April 2018).

In Deutschland werden rund einhundert soziale Netzwerke benutzt: Neben dem Marktführer Facebook natürlich auch StayFriends, studiVZ, Wer-kennt-wen, XING und so weiter. Selbst die russischen Angebote wie VKontakte und Odnoklassniki belegen in Deutschland dank der Migrationsbewegung Platz acht und neun unter den meistgenutzten Netzwerken. Daneben spielt in Brasilien und Indien das Netzwerk Orkut, allerdings mit Google-Unterstützung, eine große Rolle. Wikipedia vermutet, dass es auch im Iran und von Exiliranern als Austauschplattform intensiv genutzt wurde, bevor die iranische Regierung den Zugang geblockt hat. Ungleich größer ist der chinesische Markt, allerdings auch streng kontrolliert. Sprachbarrieren machen es den meisten von uns nahezu unmöglich zu verfolgen, was in den chinesischen Netzwerken wie Renren, Kaixin001, Qzone und 51.com passiert. Die sollen zusammen auf rund 750 Millionen Nutzer kommen.

Inzwischen entstehen Vernetzungen mit anderen Verbreitungswegen, sozusagen Meta-Strukturen, wenn Meldungen, Bilder, Videos von Nutzern verknüpft gepostet werden über YouTube, Flickr, Google+, Facebook und Twitter. So wie es Meta-Suchmaschinen gibt, werden auch Meta-Verknüpfungs-Maschinen im Internet alles mit allem und jeden mit jedem in Kontakt bringen können. Besonders heftig wird es, wenn solche Verknüpfungen bei Bashing-Vorgängen, also bei Beschimpfungen im Netz, einen Schneeballeffekt auslösen und nicht wieder einzufangen sind. Noch schwieriger sind die Trolle, also jene anonymen Netzwerker, die in Foren und Blogs unverhüllt provokativ bis hin zu regelrechten Hetztiraden Stimmungen anheizen. Der Begriff „Shitstorm“, etwas euphemistisch als „Empörungswelle“ übersetzt, ist für solche Internetaktionen inzwischen international bekannt. Am Schluss gilt auch hier im übertragenen – leider auch negativen – Sinn die Erkenntnis des Mephistopheles aus „Faust I“ von Goethe: „Denn was man schwarz auf weiß besitzt, kann man getrost nach Hause tragen“.

Was früher schwarz auf weiß, also dokumentarisch gedruckt, beweisbar und wiederholbar war, das ist heute das Netz. Und das

„zu Hause“ für die immerwährende Auffindbarkeit ist eben unser Cyberspace. Die Frage ist: Wo bleibt die soziale Verantwortung und wo die Achtung vor dem Menschen, wenn alles in jeder beliebigen Kombination auf Dauer abrufbar ist und weiterverbreitet werden kann.

Ich war bis hierher etwas unfair und habe kritisch beäugt, was uns an argen Überraschungen im Netz bevorstehen kann. Eine typisch journalistische Haltung. Denn auch im Journalismus wird eher der Absturz eines Flugzeugs statt tausende von erfolgreichen Landungen zum Thema gemacht. Mit anderen Worten: Die Netzwerke eröffnen ungeheure positive Chancen der Begegnungen, des Austausches – schlicht der Kommunikation. Das heißt aber auch, dass Sozialverbände sich dieser Netzwerke bedienen können. Ich nenne als Beispiel nur die Anonymen Alkoholiker, Hilfsplattformen für Drogensüchtige oder für verzweifelte Menschen. Wichtig ist nur, dass das Gemeinte und das Gesagte vertrauensvoll übereinstimmen: Wer Hilfe über soziale Netzwerke im Internet anbietet, muss sozusagen das Zertifikat der Glaubwürdigkeit mitliefern. Und dazu wären sicher Einrichtungen wie die Innere Mission am besten berufen.

Wo aber liegt nun die Herausforderung für den öffentlich-rechtlichen Rundfunk bei dieser Entwicklung? Eigentlich haben wir hier eine Parallele zu den realen sozialen Einrichtungen. Wir bauen auf unsere Glaubwürdigkeit, erreichen aber nicht immer die Menschen dort, wo wir sie bislang angesprochen haben. Denn individualisierte Kommunikation ist für junge und zunehmend auch ältere Menschen oft interessanter als lineare Information, obwohl unser Zeitbudget für die Mediennutzung noch beides nebeneinander zulässt.

Natürlich kann ich eine Kinokritik anschauen, eine Buchbesprechung hören. Doch wenn meine eigenen Freunde mich antwittern und sagen: „Superfilm, musst Du sehen!“ oder „Heißer Stoff, das Buch unbedingt lesen!“, dann ist die Überzeugungskraft meist noch größer. Ich kann auch eine Sendung über die Nöte des Alltags anhören oder einem Gesundheitsgespräch mit Marianne Koch folgen. Doch auch hier lösen die Foren und Blogs im Netz immer mehr die Autorität geprüfter Fachleute ab.

Wenn der öffentlich-rechtliche Anbieter in diesen Kommunikationsprozess mit seinen Produkten nicht eingebunden ist, dann kann er einen Teil seines Publikums verlieren – oder gar nicht erst erreichen. Und ein Teil seiner Kompetenz geht verloren. Deshalb sind beim öffentlich-rechtlichen Rundfunk Dutzende von Redaktionen und Sendungen auf Facebook aktiv, ganz zu schweigen von den persönlichen Facebook-Seiten vieler Moderatorinnen und Moderatoren. Und auch uns stehen dazu die Mediadaten zur Verfügung, die zeigen, wie vielen Nutzern welches Produkt gefällt, wie viele Personen gerade darüber sprechen und wie die Entwicklung der wöchentlichen Reichweite unserer Themen im Facebook sind. Sendebegleitung im Netz, Rückmeldungen zum laufenden Programm oder auch schon Vorabdiskussionen, was man hören oder sehen möchte, gehören bei einigen Anbietern bereits mehr und mehr zum Alltag.

Öffentlich-rechtlich sein heißt auch, so genannte „Social Media Guidelines“ anzubieten. Dies ist allein schon deshalb wichtig, weil die Sender einer Kontrolle durch die Rundfunk- und Verwaltungsräte unterliegen und ein eigenes Telemedienkonzept genehmigt werden muss. Das klingt kompliziert, ist auch ein langwieriger Prozess, gleichzeitig aber auch notwendig, damit es zu keinem Wildwuchs kommt. Natürlich gelten alle journalistischen Kriterien aus dem Programm auch für diesen Bereich. Simpel gesagt: Wir belügen nicht unser Publikum, auch wenn wir Fehler machen. Wir manipulieren keine Meinung, sondern unterstützen pluralistische Meinungsbildung. Fakten, die wir vertreten, sind sorgfältig und überprüfbar recherchiert.

Wenn wir nun solche Kontrollansprüche den stürmischen Entwicklungen im Netz gegenüberstellen, dann bemerken wir schnell die Kluft zwischen individualisierter, aber auch wertender Kommunikation und dem Versuch, auf demselben Weg mit anderen Mitteln und Inhalten Menschen zu erreichen. Dies ist wahrscheinlich die größte Herausforderung, vor der das öffentlich-rechtliche System seit seiner Gründung steht. Die Folge wird sein, dass sich die Form des öffentlich-rechtlichen Rundfunks ebenso wie die Geschäftsfelder der etablierten Verlage drastisch ändern werden. Natürlich bleibt es bei Audios und Videos, auf lange Zeit auch bei den beliebten linearen Radio- und Fernsehmarken. Doch der drohende Generationenabriss vor allem im Fernsehen zwingt den öffentlich-rechtlichen Rundfunk dazu, seine Gebühren, die von fast allen entrichtet werden, auch dort einzusetzen, wo sich der größte Teil seiner Gebührenzahler in Zukunft bewegen wird. Und zwar im Netz und mit Hilfe sozialer Netzwerke.

Journalismus und Krisenberichterstattung

Medien werden in Kriegs- und Krisenzeiten oft selbst als Konfliktfall empfunden: Entweder bemühen sie sich um ein umfängliches und objektives Bild – dann stören sie die Interessen der Konfliktparteien. Oder aber sie stellen sich in den Dienst einer der Konfliktparteien und diskreditieren damit jeden Anspruch auf das Bemühen um Objektivität.

Auslandskorrespondentinnen und Auslandskorrespondenten sind in jedem Fall darauf angewiesen, die Medien ihres Berichtsgebietes zu nutzen, sie zu bewerten und Schlussfolgerungen daraus zu ziehen. In diktatorisch geführten Staaten oder Ein-Parteien-Systemen gelingt es zuweilen nicht, eine zweite Quelle heranzuziehen, weil Medien einer Gleichschaltung unterliegen und sich einander nicht widersprechen würden. Im Umgang mit solchen Verhältnissen muss die Auslandsberichterstattung auf ein eigenes Wertegerüst zurückgreifen, dass dem Anspruch auf Wahrhaftigkeit gerecht wird. Mit anderen Worten: Oftmals kann der Korrespondent/die Korrespondentin nur einheimische Quellen zitieren mit dem Hinweis, der Wahrheitsgehalt lasse sich nicht belegen.

Bei der Kriegsberichterstattung hat sich im Laufe des 20. Jahrhunderts einen gewaltigen Wandel in der Form der Darstellung vollzogen. Der Reporter, der mit eigenen Worten Erlebtes schildert, ist nun ergänzt und teilweise sogar verdrängt worden – erst von Filmaufnahmen, dann vom Fernsehen und Videobild. Ob sich damit stets auch ein besser begründetes Bild vermitteln lässt, darf man durchaus hinterfragen. Denn was ist erdrückender als der „Beweis“ in Bild und Ton, der inzwischen mit heutigen Technikern ohne großen Aufwand gefälscht werden kann? Solche Fälschungen begannen allerdings schon in der Fotografie als zum Beispiel Stalin seinen späteren Rivalen Trotzkij aus einem Revolutionsfoto mit Lenin weg retuschieren ließ. Inzwischen liegen ganze Dokumentationen zu solchen fotografischen Fälschungen vor[43], die vom Beginn der Fotografie bis in die Gegenwart reichen. Das Potential kriegerischer Auseinandersetzung allein im 20. Jahrhundert bietet für Nachrichten- und Meinungsmanipulation hinreichend Beispiele. Allein für diesen Zeitraum weist die Wikipedia vierundsechzig Kriege weltweit aus. Damit sind noch nicht einmal alle Kriegsherde erfasst.[44] Unter allen Kriegen weltweit fanden im letzten Jahrhundert allein in Europa neben dem Ersten und dem Zweiten Weltkrieg mindestens fünfzehn weitere Kriege statt, deren Ausmaß heute kaum noch jemandem im Gedächtnis sein dürfte. Wahrscheinlich sind davon die Balkankriege am Anfang und am Ende des 20. Jahrhunderts sowie der Spanische Bürgerkrieg am bekanntesten. Dagegen sind vermutlich die

---

[43] Siehe David King: *Stalins Retuschen. Foto- und Kunstmanipulationen in der Sowjetunion.* Hamburger Edition, Hamburg 1997; Rudolf Strietholt: Fälschungen, Fotomontagen, Zwischenzeiten. In: Emil Dovifat (Hrsg.): *Handbuch der Publizistik. Band 2. Praktische Publizistik. 1. Teil.* Berlin 1969, 106-155; Walter Hömberg: Nachrichten-Dichter. Journalismus zwischen Fakten und Fälschung. In: Ute Nawratil/ Philomen Schönhagen/Heinz Starkulla jr. (Hrsg.): *Medien und Mittler sozialer Kommunikation. Beiträge zu Theorie, Geschichte und Kritik von Journalismus und Publizistik. Festschrift für Hans Wagner.* Leipzig 2002, 289-306; Rainer Fabian: *Die Fotografie als Dokument und Fälschung*, München 1976.

[44] So fehlen zum Beispiel der Slowenienkrieg (Beginn 27. Juni 1991, beendet nach dem Brioni-Abkommen am 19. Juli 1991 mit dem Abzug der Jugoslawischen Armee aus Slowenien) sowie der Bosnienkrieg (Beginn am 2. Mai 1992 mit der vorübergehenden Geiselnahme des bosnischen Präsidenten Izetbegović durch die Jugoslawische Armee, beendet durch das Abkommen von Dayton, paraphiert am 21. November 1995 in der Wright-Patterson Air Force Base bei Dayton/Ohio, unterzeichnet am 14. Dezember 1995 in Paris). Vgl. unter:
https://de.wikipedia.org/wiki/Liste_von_Kriegen_und_Schlachten_im_20._Jahrhundert (Aufruf 09. April 2018).

Kriege um Transnistrien in der Republik Moldau oder Tschetschenien – um zwei andere Beispiele zu nennen – nur wenigen Interessierten vertraut.

Meist ist es die Medienwirksamkeit, die einen Kriegsherd langfristig bei denjenigen Gesellschaften im öffentlichen Bewusstsein verankern, die nicht selbst unmittelbar betroffene Kriegspartei waren. Mit der Einführung des Fernsehens als Massenmedium Mitte des letzten Jahrhunderts kann man wohl den Vietnam-Krieg als Zeitenwende in der öffentlichen Wahrnehmung[45] bezeichnen, weil damit erstmals das Kriegserlebnis in Bild und Ton direkt in die Privathaushalte gewissermaßen „an den heimischen Herd" geliefert wurde. Später gehörten auch die beiden Golfkriege, angeführt von den USA und einer internationalen Koalition, zweifellos zu den Medienereignissen, die das Kampfgeschehen in die Wohnzimmer transportiert haben. Denn beide Golfkriege waren mit einem ungeheuren Medienaufwand weltweit begleitet worden, um beinahe in Echtzeit das Kriegsgeschehen an die Rezipienten weiter zu vermitteln.

Es gab aber auch Ereignisse, die sich nicht für die harte Kriegsstatistik eignen, die aber dennoch die Medien in eine Art Kriegszustand versetzt haben. Dazu zählt in unserer unmittelbaren Nachbarschaft die Phase des Zusammenbruchs kommunistischer Systeme in Osteuropa. Diese Entwicklung wollte als Erster der polnische Ministerpräsident General Jaruzelski aufhalten, indem er 1981-1983 das Kriegsrecht verhängte, Reformkräfte internierte und die Berichterstattung einer strengen Zensur unterwarf. Den Auslandskorrespondenten wurde damit eine reguläre Berichterstattung unmöglich gemacht. Für das Ausland blieb nur der Rückgriff auf polnische Quellen – hier tagesaktuell das Radio[46] – wohl wissend, dass sich diese polnischen Medien selbst „im Krieg" befanden.

---

[45] Der Zweite Weltkrieg und auch noch überwiegend der Korea-Krieg fanden als mediales Erlebnis im Bild und Ton überwiegend in den Nachrichtensendungen und Wochenschauen der Kinos statt.

[46] Vgl. Grotzky, J.: Die Nachrichtensendungen des polnischen Rundfunks nach Verhängung des Kriegsrechts. *Osteuropa* 4,1982, 268-271. Satellitenfernsehen sowie das Internet oder E-Mail existierten zu diesem Zeitpunkt

Als wenige Jahre später in der Sowjetunion der kommunistische Parteichef Gorbatschow mit Perestrojka und Glasnost einen regelrechten Medienfeldzug gegen die Unzulänglichkeiten des Regimes begann, waren auch die Medien gewissermaßen „im Krieg“ mit jenen kommunistisch-konservativen Kräften, die sich später zu einem Putsch gegen Gorbatschow vereinten und dadurch letztlich das Ende der Sowjetunion mit bewirkt hatten. Zuvor jedoch wurde ein Tabu gebrochen: Der Afghanistan-Krieg, über dessen Kriegsopfer in der Sowjetunion jahrelang nicht berichtet werden durfte, wurde unter Gorbatschow kritisch in den Medien thematisiert. Damit entstand in der sowjetischen Bevölkerung ein Ventil für den politischen Druck, diesen Krieg zu beenden[47]. Man mag darin eine Parallele zur Rolle der Medien im Vietnam-Krieg sehen.

Der Missbrauch der Medien wurde dann in den Kriegen um das zerfallende Jugoslawien offensichtlich. Nationalistische Parolen bis hin zu platten Fälschungen[48] von Geschichte und Gegenwart beherrschten die Medien auf nahezu allen Seiten des Krieges. Es war eine schwere Aufgabe vor allem für landes- und sprachunkundige Reporterinnen und Reporter, sich hier Orientierung zu verschaffen. Aber auch die mediale Nachkriegsordnung trat sich schwer mit dem Erbe von politischem Zerfall und gesellschaftlicher Konfrontation.[49]

---

noch nicht. Telex- und Telefonverbindungen wurden kontrolliert und bei Bedarf von polnischer Seite unterbrochen, so dass eine geregelte Auslandsberichterstattung von unabhängigen Korrespondenten nicht mehr möglich war.

[47] Vgl. Ders.: „Mit welchem Recht kämpfen wir dort?“ Moskaus Bemühungen um einen Rückzug aus Afghanistan. *DIE ZEIT* Nr. 5, 23. Januar 1987.

[48] Vgl. Ders.: Grenzenlose Fälschungen. Der Nationalismus der Vökjer Jugoslawiens fußt nicht auf historischen Fakten, sondern allenfalls auf Legenden. *Deutsches Allgemeines Sonntagsblatt* Nr. 83, 20. September 1990.

[49] Vgl. Ders.: Medien und Medienpolitik in Kroatien. *Südosteuropa Mitteilungen* 1,2000, 43-46 sowie Ders.: Die slowenischen Medien – zehn Jahre nach der Unabhängigkeit. *Südosteuropa Mitteilungen* 4,2001, 326-370.

Wer es sich leisten kann, über die eigene Berichterstattung zu reflektieren, wird unschwer auf die Frage nach der journalistischen Ethik stoßen. Hier geht es jedoch nicht nur um ein subjektiver Wahrnehmung, eine subjektive Wertung oder den subjektiven Versuch, Rechenschaft abzulegen. Vielmehr münden diese Überlegungen konsequent in der Frage nach einer Medienethik von gesellschaftspolitischer Dimension. Nicht nur dem einzelnen Journalisten und der einzelnen Journalistin, auch den Rezipienten, mehr aber noch den Medienmanager, Chefredaktionen und Programmdirektionen erwachsen hier eine große Verantwortung. Gerade in Kriegs- und Krisenzeiten dürfen sie die Berichterstatter nicht überfordern, zu Spekulationen antreiben und Erwartungen beim Rezipienten wecken, die nicht erfüllt werden können. Auch die Antwort „Ich weiß nicht genau, was passiert ist“ muss möglich sein, solange der Berichterstatter und die Berichterstatterin nachweisen können, dass sie nach bestem Wissen und Gewissen recherchiert haben. Die Unwegsamkeiten offen zu legen und in Ermangelung von recherchierbaren Fakten sich selbst nicht zur Informationsquelle zu stilisieren, ist verdienstvoller als durch Spekulationen die Rezipienten in die Irre zu führen.

Da ich einige Kriegs- und Krisenherde als Korrespondent begleitet habe und mich frühere Einsätze auch in den Afghanistan-Krieg zur Zeit der sowjetischen Besatzung geführt hatten, ist verständlich, dass sich das Thema „Medien in Kriegs- und Krisenzeiten“ in meiner Arbeit immer wieder findet. Ich gebe gerne und offen zu, dass ich es für richtig halte, wenn Journalistinnen und Journalisten eher in Deckung gehen, als sich einem akuten Kriegsgeschehen auszusetzen, dessen Verlauf ein Laie ohnehin nur schwer beurteilen kann. Auch hier gilt die häufig zitierte Einschätzung: Die wirkliche Kriegsberichterstattung beginnt erst nach dem Krieg. Erst dann kann man Beweggründe der Handelnden hinreichend recherchieren und deren Folgen abschätzen. Erst dann ist ein unabhängiger Zugang zu den Quellen der unterschiedlichen Kriegsparteien möglich – oder sollte möglich sein. Leider ist dann aber auch oft schon das Interesse des Publikums an dem Konflikt erloschen.

Inzwischen ist mit dem Begriff „embedded journalism" oder „embedded journalist" eine neue Vermittlungsform gerade bei der Kriegs- und Krisenberichterstattung entstanden. Vor allem in den beiden Golfkriegen wurde zunächst bejubelt, dass es Journalistinnen und Journalisten gelang, in das Kriegsgeschehen „eingebettet" zu werden, um vermeintlich authentisch berichten zu können. Der Faszination einer Präsenz auf den Bildschirmen daheim direkt vom Kriegsgeschehen folgt bei näherer Betrachtung eine gewaltige Ernüchterung. Denn der Rezipient und damit auch die journalistisch wie politisch Handelnden müssen erkennen, dass es dabei in der Regel um die Belangdarstellung einer einzelnen, Krieg führenden Partei geht.

Wer heute im Internet recherchiert, findet unter den Stichworten „Medien im Krieg" oder „Medien und Krieg" eine Vielzahl von Text-, Buch- und Quellenverweisen. Darunter möchte ich an dieser Stelle gewissermaßen als Einstieg in die Problematik auf eine Materialsammlung der Bundeszentrale für politische Bildung hinweisen.[50]

Gerne weise ich noch auf zwei Bücher hin, die mir für die Krisenberichterstattung wie für die journalistischen Formen schlechthin sehr hilfreich erscheinen. Bill Kovach und Tom Rosenstiel haben schon vor vielen Jahren ein eher kleines, aber grundlegendes Werk über den Journalismus vorgelegt, das ein Klassiker in der amerikanische Journalistenausbildung ist. In überarbeiteter Auflage berücksichtigen die Autoren auch die Entwicklung des Internet und seine Beudeutung für den Journalismus.[51] Entstanden ist dieses Buch aufgrund einer Diskussion 1997 im Harvard Faculty Club in Cambridge/Massachusetts, als fünfundzwanzig amerikanische Journalisten führender Zeitungen, Fernsehsender und Radiostationen einen enormen Vertrauensverlust des Journalismus in ihrem Land feststellten. Aufgrund

---

[50] http://www.bpb.de/shop/multimedia/dvd-cd/33926/krieg-in-den-medien (Aufruf 13. Mai 2018).

[51] Bill Kovach, Tom Rosenstiel: *The Elements of Journalism. What Newspeople Should Know and the Public Should Expect.* New York: Three Rivers Press ^{2}2007.

dieser Debatte entschlossen sich die Autoren, Grundlagen eines glaubwürdigen Journalismus als unverzichtbaren Bestandteil einer demokratischen Gesellschaft zu beschreiben – und auch einzufordern.

Ein zweites Buch, das ich empfehlen möchte, beschäftigt sich mit der Geschichte der Auslandsberichterstattung. Es stammt von John Hohenberg[52], einem ehemaligen Journalisten, der später als Professor an der angesehenen Columbia University Graduate School of Journalism in New York unterrichtet hatte. Gerade wegen der Verbindung seiner europäischen Familienwurzeln mit seiner publizistischen Erziehung in den USA konnte Hohenberg[53] die Sichtweise eines unabhängigen Journalismus, wie wir ihn in Deutschland erst nach dem Zweiten Weltkrieg wieder einüben mussten, mit dem historischem Verständnis für die Erlebnisgenerationen der Berichterstatter im Ersten und Zweiten Weltkrieg verbinden. Die daraus entstandenen Kapitel[54] in seinem oben erwähnten Buch sind eine wertvolle Ergänzung zu jeder akademischen Übung zum Thema Auslandsberichterstattung.

---

52 John Hohenberg. *Foreign Correspondence. The Great Reporters and Their Times.* Syracuse University Press 1995.

53 Der Autor, Sohn österreichisch-ungarischer Einwanderer, arbeitete auch für den Beirat des Pulitzer Preises. Er starb im Jahr 2000 im Alter von 94 Jahren.

54 Vgl. die Kapitel *The Challenge of World War I,* 80-118, sowie *The Ordeal of World War II,* 199-247.

Embedded Journalism[55]

Sabine Arndt und Stefan Forster
im Gespräch mit
Johannes Grotzky und Henryk Jarczyk[56]

Frage: Was bedeutet der Begriff „embedded journalism"?

Johannes Grotzky: „Embedded journalism" ist für mich eine Formel dafür, dass Journalismus missbraucht wird, nämlich, dass konkret im Irak-Krieg amerikanische Truppen Journalisten in ihren Schutz mitgenommen haben, um gleichzeitig zu steuern, was an Bildern oder an Informationen über diesen Krieg an die Medien zu Hause geliefert wird. „Embedded journalism" konkret hieß, dass Journalisten mit den Soldaten auf Panzern mitfuhren – einige Fernsehkameraleute und Fernsehkorrespondenten – die dann teilweise sehr martialisch von einem Vormarsch berichtet

55 Aufgezeichnet Wintersemester 2003/04, Institut für Kommunikationswissenschaft, Ludwig-Maximilians-Universität München. Vgl. dazu auch Bettina Gaus über die Notwendigkeit des „embedded journalism" und die damit verbundenen Gefahren in der Mediathek der Bundeszentrale für Politische Bildung unter http://www.bpb.de/mediathek/136301/ bettina-gaus-ueber-embedded-journalism.

56 Henryk Jarczyk, außenpolitischer Redakteur in der Redaktion Politik und Hintergrund des Bayerischen Rundfunks. Geb. 1960 in Chorzów (Polen), aufgewachsen in Tunesien. Studium der Kommunikationswissenschaften, Politologie, Soziologie sowie Markt- und Werbepsychologie in München. Dipl. Journ. 1995-2000 ARD-Korrespondent in Belgrad und Wien für Südosteuropa. 2002-2007 Lehrbeauftragter für Auslandsberichterstattung an der Ludwig-Maximilians-Universität München. 2011-2017 Leiter des ARD-Hörfunkstudios in Warschau.

haben und bar jeden Wissens waren, was sich im politischen Hintergrund in dieser Zeit wirklich abgespielt hat. Es wurde eine vermeintliche Authentizität „ich bin dabei“ suggeriert, und diese so genannte Authentizität ließ sich aber nicht in ein objektives Bild dieses Krieges einbetten. Diese Aufgabe hatten dann, die Heimatredaktionen, die einordnen mussten, was ein „embedded“ Journalist an Eindrücken übermittelt hat. Auf der anderen Seite, das klingt sehr widersprüchlich, hat natürlich der „embedded“ Journalist Zugang zu exklusiven Informationen und wir sollen auch nicht so tun, als habe es das nie gegeben und wir hätten es auch nie benutzt. Denn hin und wieder muss man tatsächlich den Vorteil der einen Seite nutzen, um an Informationen ranzukommen. Wichtig ist nur, dass ich als Journalist niemals, das, was ich persönlich erlebe, generalisiere, sondern ganz im Gegenteil, dass ich das, was ich persönlich in der Reportage schildere, was ich persönlich unter dem Schutz der Militärs mache, auch mit den entsprechenden Einschränkungen versehen, weitergebe. Dann, und das ist jetzt der Widerspruch zu dem was ich als ersten Satz gesagt habe, dann kann “embedded journalism” tatsächlich ein Mosaikstein der Berichterstattung sein und dann wird es auch nicht missbraucht werden durch das Militär. Wenn ich in der Heimatredaktion Gegengewichte aufbaue, wenn ich die andere Seite zu Wort kommen lasse, dann ist dies Teil einer journalistischen Strategie zur Objektivierung.

Frage: Wie schätzen Sie die Glaubwürdigkeit des “embedded journalism” aus der Sicht der Rezipienten ein? Wie glauben Sie, kommt es bei den Zuschauern, bei den Hörern an? Glauben Sie, dass da die Wahrheit steigt, dass man den Leuten, die „embedded“ sind, mehr abnimmt, als einem Auslandskorrespondenten vor Ort?

Johannes Grotzky: Grundsätzlich haben wir das Problem, wenn die Menschen ein Bild sehen, dann glauben sie einem Bild zunächst einmal suggestiv mehr. Sie glauben eher, dies sei die Wahrheit, die sie sehen, als wenn sie jemandem zuhören, der etwas schildert. Das Beispiel, das uns ja sehr zu denken gibt, ist dieses Bild, wo eine amerikanische Fahne im Irak-Krieg um das Haupt einer Statue von Saddam Hussein herumgelegt wurde, ein

Jubel und irgendwie hatte dieses Bild suggestiv zufolge, es sei das Symbol der Befreiung. Dass aber diese Szene Wochen vor dem Krieg von einer Public Relations Agentur vorbereitet und den Soldaten als Auftrag mitgegeben wurde, also überhaupt nicht spontan der Siegesstimmung entsprach, sondern dies eine gezielte Kampagne war, das konnte man im Fernsehen den Bildern erst einmal nicht entnehmen. Das wissen wir heute. Diese unglaubliche Befreiungs- und Siegesatmosphäre, die das suggeriert hat, wurde von vielen Leuten als die Wahrheit hingenommen.

SELEKTIVE AUTHENTIZITÄT

Im Radio hätte man vielleicht das geschildert und sich danach gefragt, warum kommt das zustande, hätte vielleicht noch umstehende Leute interviewt; doch die Suggestivkraft des Bildes ist gigantisch. Das ist auch beim embedded Journalist so. Der „embedded" Journalist ist ja der, der Authentizität tatsächlich rüberbringt, aber eine Authentizität die sehr selektiv ist. Damit nimmt auch der Rezipient Dinge selektiv wahr. Auch in einem Krieg nehme ich als Journalist die Dinge selektiv wahr. Ist das etwas, was mich zufriedenstellt oder mich beunruhigt, mich verängstigt? Und wenn ich klare Feindbilder habe, so wie das mit dem Irak-Krieg passiert war – im Vorfeld wurde ein klares Feindbild auch durch die Medien vermittelt -, dann ist der embedded Journalist auf der Seite der Sieger, nämlich in dem Fall auf der Seite der alliierten Truppen gewesen. Viele Menschen, so vermute ich, haben das als wohltuend hingenommen und gesagt, Gott sei Dank, unsere Leute, mit denen man sich identifiziert, sind auf er richtigen Seite dabei; es sei denn, man ist generell ein Gegner dieses Krieges gewesen oder hat diese Kriegskonstellation in Frage gestellt, dann kann es ganz schnell umschlagen. Wenn Sie kritisch an die Sache rangehen, könnten Sie zu der Schlussfolgerung kommen, dieser embedded Journalist lässt sich missbrauchen. Er ist nicht so objektiv wie andere, aber ich glaube, das ist eine Frage des Bewusstseins auch der Rezipienten.

Henryk Jarczyk: Das ist genau das Stichwort, sich missbrauchen zu lassen. Vergleichen Sie die Situation des "embedded journalism" gegenüber der vorhergehenden mit dem Fahren per Anhalter. Korrespondenten, die vor Ort sind, welche die ganze Zeit die Ereignisse begleiten, sitzen selbst am Steuer. Entscheiden, in welche Richtung sie fahren, wie schnell sie fahren, mit wem sie fahren, wen sie mitnehmen, wem sie Antworten geben, wem sie Fragen stellen. Beim "embedded journalism" geben sie das alles ab. Sie begeben sich in eine unglaubliche Abhängigkeit und es entwickelt sich natürlich eine gefährliche Nähe auch zwischen denjenigen, der sie da mitnimmt. Sie transportieren etwas natürlich, was nicht unbedingt objektiv, sondern wie Johannes Grotzky sagte, selektiv von ihnen wahrgenommen wird, aber vom Fahrer bereits schon gefiltert wurde, um bei diesem Bild zu bleiben. Und das ist meines Erachtens die große Veränderung, die eine ganz starke Gefahr birgt. Das zweite ist: Beim "embedded journalism" hatten wir beobachtet, es waren fast alles Leute, die von den Medien von zu Hause mitgenommen wurden und von denen man ohnehin schon wusste, der tendiert in die Richtung, der tendiert in die Richtung, die kennen wir, da gab es schon eine Nähe aus den Briefings. Und diese Leute eben waren nicht diejenigen, die vor Ort Kontakte zur Bevölkerung hatten, die sich in der Region auskannten, die topographische Kenntnisse, Mentalitätskenntnisse hatten. Das war auch gewollt, denn diejenigen hätten vielleicht unter Umständen gesagt, na ja, also das, was hier gezeigt wird, meine Damen und Herren, das ist zwar gut und schön, aber das ist nicht der Kick.

Johannes Grotzky: Ich glaube auch, was Henryk Jarczyk gerade sagt, es liegt ja nahe, dass es bei diesem "embedded journalism" auch zu Fraternisierungen kommt zwischen dem, der eigentlich objektiv berichten soll und dem, der der Behandelte ist, über den ich berichte. Ich bin auch nicht ganz frei gewesen selbst in solchen Situationen, dass man sagt, ich mache mich von dem unabhängig, der mir gerade den Schutz bietet. Ich gebe Ihnen mal so ein Beispiel: Ich bin auch mit Truppen unterwegs gewesen. Da hat man den Begriff nicht gekannt, beispielsweise in Afghanistan, beispielsweise in den Balkan-Kriegsgebieten, wo auch Henryk Jarczyk gearbeitet hat. Er wird auch seine Erfahrung dazu sagen können. Wenn Sie also in ein Frontgebiet kommen oder in ein Kampfgebiet und jemand nimmt Sie mit in einem geschützten Panzerwagen, dann sind Sie zunächst einmal dankbar, dass Sie halbwegs geschützt dorthin kommen.

FALSCHE FRATERNISIERUNG

Das gibt automatisch eine Fraternisierung, wo man sagt, wir müssen gemeinsam hier durch. Und diese Nähe, durch etwas gemeinsam durch zu kommen, gemeinsam Gefahren zu bestehen, lässt es vielleicht gar nicht zu, dass ich den Menschen, die mich „beschützen", kritische Fragen stelle oder dass ich einen kritischen Blick darauf habe. Das ist eine psychologische Situation, die nur der nachvollziehen kann, der wirklich als Kriegsreporter unterwegs war. Ich bin von Moskau aus nach Afghanistan gereist als offizieller Reporter, der in Russland akkreditiert war, also nicht über Peschawar, die grüne Grenze und die Mudjaheddin. Also nicht auf der sozusagen aufständischen, vermeintlich demokratischen Seite, die keine demokratische Seite war, sondern auf Seiten der so genannten Kommunisten. Es war völlig selbstverständlich, dass ich dann mit Teilen der offiziellen afghanischen Armee unter sowjetischem Protektorat oder Besatzung mich bewegt habe und auch nicht mit den sowjetischen Soldaten kritisch die Okkupation thematisiert habe, sondern ich habe erstmal deren Sichtweise hingenommen. Oder im Krieg in Sarajevo bin ich auf die serbische Frontseite gegangen. Ich bin mit jungen Serben unterwegs gewesen, die in München aufgewachsen sind, die als Frontsoldaten dort waren und die haben Artilleriegeschütze bedient. Sie haben auf die Stadt runtergeschossen. Jetzt kann ich als embedded Journalist nicht den guten Menschen spielen und meine Hand vor die Kanone halten, damit die Kugel nicht auf die Stadt fliegt. Ich kann genauso wenig kritisch hinterfragen, was die machen, dann hätten die mich entweder umgelegt oder zum Teufel gejagt oder was weiß ich. Das heißt, Sie sind auch immer darum bemüht, selbst wenn Sie objektiv sein wollen, dass Sie nicht den Menschen, mit dem Sie arbeiten, zu einem physischen Gegner von sich machen. Sie müssen ja auch in so einer Situation überleben. Insofern ist es sehr schwer, sich davon wirklich freizumachen. Henryk hat etwas sehr Wichtiges gesagt. Wir alle haben immer darunter gelitten, wenn wir irgendwo fest stationiert waren, dass Menschen von außen reingekommen sind und sie wollten eine Story haben, eine bündige kurze Story. Ich gebe Ihnen mal ein Beispiel: Ich bin mit Leuten unterwegs gewesen bei Gorbatschow-Reisen. Das war eben nicht im Kriegs- und Krisengebiet. In Jugoslawien waren wir, wir sind von Moskau aus hingeflogen. Da war ein Amerikaner, der hat noch nie in seinem Leben vorher Jugoslawien gesehen und der wollte immer *a good quote and a good story*. Und der hat gebeten, übersetzt mir da mal was und dann rannte er schon wieder weg. Sag ich: „Das ist doch noch nicht die Geschichte. Du hast jetzt gerade *a quote* gehört, aber warte mal." Das war ihm völlig egal. Hauptsache er hatte einen „authentischen Satz" eines Einheimischen.

Oder eine andere Geschichte, die für mich sehr bedrückend war: In Mostar, im besetzten Teil von Mostar, also Ost-Mostar, bei den Muslimen, wo ich damals im Schutz von spanischen Truppen mit gepanzerten Wagen reingefahren bin. Kollegen von mir wollten nur eine bestimmte Geschichte fertigstellen, während ich plötzlich von dem Schicksal dieser Menschen in den Kellergeschossen ausgebombter Häuser ungeheuer berührt war. Ich kannte Mostar aus Friedenszeiten, mich hat das sehr bedrückt und Menschen wollten natürlich, dass ich ihnen helfe: Telefonnummern wollten sie mitgeben, damit ich Verwandte informiere, dass sie noch überleben und dergleichen mehr. Andere Kollegen sagten: „Damit halte ich mich gar nicht auf. Entweder gibt es hier eine gute Story, oder ich haue sofort ab. Es ist ja ist sowieso wieder derselbe Kram wie in jedem belagerten Ort." Das hat mich ziemlich durcheinandergebracht, weil ich noch dabei war, Telefonnummern aufzuschreiben, Briefe mitzunehmen, damit ich aus dem besetzten Teil noch irgendwie Informationen rausschaffe.

Das ist auch eine schwierige Situation für Korrespondenten im Kriegs- und in Krisengebieten. Hier stellt sich die Frage, werde ich ein Teil des Gegenstandes, über den ich zu berichten habe? Verliere ich dadurch meine Objektivität? Inwieweit halten wir letztlich nur die Medienmaschine am Laufen halten und inwieweit haben wir auch eine gewisse Verantwortung für Menschen, über die sie berichten? Wann immer ich von einem Menschen Informationen abrufe, wann immer ich ihn anspreche, gehe ich eine Verpflichtung ein. Ich erzeuge Kommunikation, die nach dem Modell Sender und Empfänger zumindest auch hervorruft, dass er auch einem etwas geben will, dass er auch mich in den Kommunikationsprozess einbezieht. Wenn ich nur einseitig Kommunikation übe nach dem Motto: „Ich will was von Dir. Wenn ich etwas kriege, bist Du gut. Wenn nicht, haue ich ab.“, dann verletze ich natürlich die Menschen sehr stark und das ist vielen Journalisten, glaube ich, nicht sehr bewusst.

Henryk Jarczyk: Was noch sehr wichtig in dem Zusammenhang ist, das ist die Tatsache, dass diejenigen, die da kurzfristig reinkommen – das ist jetzt kein Vorwurf, das ist auch keine Kritik, sondern Feststellung – mit ihrem Koffer anreisen und auf Informationen der „locals“ angewiesen sind. Das sind die Stringer, Mitarbeiter vor Ort, die sie aber heute in Taschkent sehen, morgen im Tschad und übermorgen in Togo. Solche Reisejournalisten – auch in Krisengebieten – nehmen oft nur einen kleinen Ausschnitt mit nach Hause und transportieren ihn in ihren Medien.

VERZERRTE KAMERAPERSPEKTIVE

Ein Beispiel: Peter Arnett, glaube ich, war es während der Demonstration in Belgrad 96/97. Er sieht vor dem Gewerkschaftshaus in Belgrad eine Demonstration, 50 Arbeiter mit Transparenten, die forderten, Milošević soll bitteschön weg, seinen Posten verlassen. Er stellt sich also mit seiner Kamera hin, nimmt es entsprechend in so einem Winkel auf, dass man möglichst den Eindruck hat, wahnsinnig viele Leute seien dort versammelt und spricht in die Kamera: „Jetzt sind die Arbeiter auf der Straße, es ist nicht mehr die Frage, ob Milošević abgesetzt wird, sondern nur noch, in wieviel Tagen das passieren wird.“ Gleichzeitig sahen diejenigen, die vor Ort waren, 50 Arbeiter und sagten: „O Gott, das wird noch ziemlich lange dauern, denn das Proletariat, das normalerweise für solche Revolutionen notwendig ist, hat überhaupt keine Lust, diesen Mann zum Teufel zu jagen. 50 Arbeiter nach so vielen Tagen der Demonstration der Studenten, das ist ein Armutszeugnis.“ Sie sehen anhand dieses Beispiels, wie vollkommen konträr die Information rüber transportiert wird. Wir behaupteten, es ist noch lange nicht so weit, während er schon suggeriert, das war's, es ist nur noch eine Frage von Minuten. Und das ist sehr gefährlich.

Johannes Grotzky: Es gibt ein sehr interessantes Filmdokument aus der Zeit vom Sturz von Ceauşescu in Rumänien. Und zwar ist das erst veröffentlicht worden sehr viel später im Rahmen einer Aufarbeitung dieses Prozesses dort. Sie sehen einen Straßenschacht und U-Bahnschacht. Da ist ein Reporter, der in die Kamera reinredet und um ihn herum ballern die angeblichen Aufständischen mit ihren Gewehren gegen Ceauşescu. Der Reporter spricht in die Kamera rein und plötzlich stockt das Ganze. Dann sagt er noch mal was, dann wird aufgehört zu schießen, dann läuft die Kamera natürlich weiter, dann fängt die Schießerei wieder an. Das Ganze hat sich zweimal wiederholt. Das ist also kein Zufall, sondern das ist ganz gezielt so, dass man sieht, wie der Mann, der auf Seiten der Aufständischen als Reporter live dabei sein wollte, dieses Live-Erlebnis praktisch nachgestellt hat. Das spricht nicht dagegen, dass sich wirklich diese Dinge so abgespielt haben, es gab ja die Straßenkämpfe, aber da ist auch eine Grenze überschritten, wo der Reporter das Ereignis nachstellt. Und auch das kann beim "embedded journalism" natürlich passieren, dass ich etwas nachstelle. Ein anderes Beispiel, was ich selbst in Afghanistan erlebt hatte: Wir waren unterwegs und es gab eben keine Kämpfe, wo wir waren. Wir waren nicht sehr weit, wir durften uns von Kabul nach Dschalalabad und zurückbewegen und es waren alles befestigte Straßen, wir waren ein bisschen in der Umgebung unterwegs. Für mich als Radioreporter war das relativ interessant. Ich konnte Dinge sehen, mit Menschen reden und meine kleinen Interviews machen. Fernsehkollegen aus aller Welt, die aber nun dorthin extra aus Moskau hingeflogen waren, wollten Kriegsbilder haben. Also haben sie gesagt, ist denn hier nichts los. Daraufhin haben sich einige zusammengetan von den begleitenden Truppen, aber das waren dann die offiziellen afghanischen Truppen, das waren keine sowjetischen Truppen, und die haben ganz schlicht gesagt, okay, was braucht ihr?

Sie brauchten irgendeine Kampfszene. Dann haben sie eine kleine Anhöhe genommen, wo ein zerschossenes Haus schon stand, sind von beiden Seiten mit Gewehren ballernd drauf losgerannt und haben die für die Kameras „erobert“, damit die Kollegen, die nun den weiten Weg von Moskau gemacht haben, endlich auch Krieg live als Bild hatten. Natürlich waren wir im Krieg, es wurde gekämpft, aber ich unterstelle auch, dass im “embedded journalism” diese Absprachen, etwas zu inszenieren, leichter möglich sind und damit auch die Verführung, uns etwas vorzuführen, was nicht dem aktuellen Geschehen entspricht.

Henryk Jarczyk: Nehmen Sie das Beispiel Nato-Krieg gegen Jugoslawien. Es ist immer leicht, von der anderen Position zu kritisieren, zu sagen, der hat es schlechtgemacht oder wir haben ein schlechtes Gefühl dabeigehabt. Darum soll es, glaube ich, auch nicht gehen, sondern, versuchen Sie sich zu vergegenwärtigen, dass die Situation, die “embedded journalism” bedeutet, da kommt ein Fremdkörper mit einer Besatzungsmacht oder Befreiungsmacht oder wie auch immer man es definiert, aus welchem Blickwinkel man es betrachtet, in ein Land rein. Und Sie, Auslandskorrespondent/in vor Ort, haben sich eine Infrastruktur aufgebaut, haben nicht mit der Regierung paktiert und sympathisiert. Aber die Regierung ist nicht die Bevölkerung. Viele dieser Staaten werden ja von uns „befreit“, weil eben die Regierung diese Leute unterdrückt. Jetzt kommen diese Truppen da rein. Sie mit ihnen und Sie berichten, Gott sei Dank wird hier jetzt bombardiert, Gott sei Dank haben wir ... usw. diese Stellung jetzt eingenommen und vieles mehr. Gleichzeitig bedenken Sie gar nicht, was Sie damit lostreten, welche Gefahren Sie auslösen. Wir machen uns auch zur Partei einer kriegerischen Macht. Das war zum Beispiel gerade beim Nato-Krieg gegen Jugoslawien das größte Problem. Wir alle, auch deutsche Journalisten, waren die Steuerzahler der Bomben, die da runtergeworfen wurden. Wir haben nicht das Recht, uns hinzustellen und zu sagen, wir marschieren mit nur einer Truppe.

AUSSERHALB DES GESCHEHENS BLEIBEN

Wir müssen versuchen, außerhalb des Geschehens zu bleiben, also zwischen den beiden Parteien, das ist schon schwierig genug. Aber um Gottes Willen nicht versuchen, Partei zu ergreifen zugunsten irgendeiner Seite.

Frage: Beispiel aus der Praxis. Wie haben Sie diesen Neutralitäts- und Objektivitätsanspruch für sich realisieren können, als Sie unten waren? In Bosnien nehme ich an.

Henryk Jarczyk: Das war in Jugoslawien, in Serbien konkret. An dem Tag, als es hieß, der Krieg wird jetzt beginnen und Slobodan Milošević seine berühmte Rede, so gegen 15.00 Uhr im Fernsehen gehalten hat, sind wir zu der damals für uns zuständigen diplomatischen Vertretung der Japaner hingegangen und haben gefragt, was passiert mit uns Journalisten, mit uns deutschen Journalisten? Und als die Japaner uns mitteilten, na ja, sie können uns bis 17.00 Uhr auf dem Handy erreichen, aber dann sind wir zu Hause, dann am nächsten Werktag, aber wenn es am Wochenende ist, dann haben Sie eben Pech. Da haben wir gemerkt, wir genießen überhaupt weder Immunität noch irgendwelche rechtlichen Bestimmungen, die in so einem Moment überhaupt nicht mehr greifen würden. Wer fragt da nach der Genfer Konvention. Ich meine, wenn Sie dann umgenietet werden, interessiert sich kein Mensch mehr für Sie. Das beste Beispiel ist der Kollege von SAT 1, Pit Schnitzler, der mit uns rausgegangen ist und dann wieder zurückkam und prompt im Gefängnis auch landete. Wir hatten alle die Informationen vom Staatssicherheitsdienst, von unseren Informanten dort, dass wir auf einer Liste stehen. Und wenn wir den nächsten Tag nicht ins Gefängnis möchten und den darauffolgenden, dann sollen wir uns bitteschön halt in Sicherheit bringen. Wir sind dann nach Zagreb gegangen und haben dort, Thomas Morawski und ich, ein Studio aufgebaut im kroatischen Fernsehen, aber für die ARD, jetzt Hörfunk und

Fernsehen. Haben die Bilder über Satellit gesehen, haben also im Prinzip, wenn Sie so wollen, mehr Möglichkeiten gehabt, zu interpretieren, weil wir frei reden konnten. Frei und ohne Zensur, als diejenigen, die dann reinkamen, von dem Land leider Gottes – aber wie sollten sie auch – keine Ahnung hatten, die Sprache nicht sprachen, keine Kontakte hatten, angewiesen waren auf die Militärzensur, die ihnen alles weggeschnitten hat und etwas medial transportiert haben. Wenn wir mit Thomas Morawski gesehen haben, da wird eine Kirche gezeigt, die schon halb zerstört ist, als Propaganda, eben so nach dem Motto, bitte, die NATO zerstört selbst hier die Kirchen, die orthodoxen, haben wir gesagt, na ja, also diese Risse haben wir vor drei Jahren auch schon gesehen bei den Besichtigungen dieser Kirchen, das ist alt. Die Kirchen sind halt eben schon in etwas verfallenem Zustand. Das ist eben das, was Sie für sich überlegen müssen. Was ist mehr wert, sich „wichtig machen", sich in ein Land zu begeben, vor die Kamera zu stellen und zu sagen, ich bin der große Held, hier fliegen die Bomben, aber ich stehe für euch da. Oder aber, mit all der Kenntnis der Situation, der Lage, rauszugehen und zu sagen, ich will mich nicht missbrauchen lassen. Ich habe nicht die Möglichkeit, objektiv zu berichten vor Ort, also gehe ich lieber raus und versuche es aus der unmittelbaren Nähe so frei wie möglich mit meinen Kontakten: Telefon, Möglichkeiten und Absprachen, dass man mit den Leuten nicht direkt spricht, sondern sich als Verwandte meldet und sagt: Wie geht's euch, gibt's noch Brot, habt ihr Licht gestern gehabt. Dann outet man sich eben nicht als Korrespondent, der anruft und fragt: „Erzählt mal für die DPA, für die ARD oder wen auch immer, was los ist." Wenn man diese indirekten Wege sucht, um möglichst objektiv wiederum für die Zuschauer und die Zuhörer hierzulande etwas zu transportieren, was den Krieg deutlicher macht, aber eben nicht nur einen Ausschnitt liefert – ist das nicht der bessere Weg?

Frage: Wer wird „embedded journalist", jetzt z.B. auf den Irak-Krieg bezogen? Die US-Journalisten wurden den einzelnen Truppenverbänden zugeteilt. Wer sucht die aus, das Militär, melden die sich freiwillig, bestimmen dies deren Chefs, wer mitreisen darf oder nicht? Wie sieht das aus?

Johannes Grotzky: Die letzte Entscheidung natürlich hat eine Pressestelle, die beim Militär sitzt. Das ist aber überall so bei den Militärs, denn die Militärs lassen sich auch niemanden aufschwätzen von außen, auch nicht von irgendwelchen politischen Seiten. Wie es konkret im Irak-Krieg gelaufen ist, kann ich nicht sagen, weil wir nicht dabei waren. Ich würde aber gerne den Begriff des „embedded journalist" mal etwas erweitern. Ist es nicht so, dass letztlich wir im 2. Weltkrieg ganz klassisch den „embedded journalist" hatten, nämlich die Kriegsreporter, die Kriegsfotografen, die den Vormarsch der Amerikaner begleitet haben? Die Amerikaner haben, Sie können sich diese Bücher und Filme natürlich anschauen, das gehabt. Die sowjetische Armee hat im 2. Weltkrieg die Kriegsreporter auch gehabt, ebenso die deutsche Armee. Das heißt, dies hat es immer gegeben, das ist ja keine neue Geschichte. Weshalb es für uns so aufsehenerregend ist, ist die Tatsache, dass aus dem fahrenden Panzer mit einer Satellitenantenne live übertragen wird, was der Krieg im Moment tut. Was eben uns dann auffällt, dass dann hier plötzlich ein Fachkorrespondent vor Ort gefragt wird: Können Sie das bestätigen, was wir hier gerade live im Fernsehen sehen? Solche Dinge passierten natürlich immer wieder und da sieht man auch, wie weit das auseinanderklafft. Ich würde aber noch weitergehen.

EIFERSUCHT UND KONKURRENZKAMPF

Wenn Sie mal als Hauptstadt-Korrespondent in Berlin, in Washington, in Moskau oder sonst irgendwo erleben, wie stark die Eifersucht und der Konkurrenzkampf ist, um in die sogenannten Präsidentenmaschinen zu kommen, um bei Politikerreisen möglichst nah an Leuten dran zu sein, dann werden Sie sich überlegen, ob nicht der „embedded journalist" auch einer ist, der sich zu sehr in die Nähe der Macht begibt, um dort ein paar Brocken abzubekommen und nicht frei genug ist, sich zu einem objektiven Urteil auch die andere Seite anzuhören. Es gab bei uns einen Bundestagspräsidenten, Herrn Thierse, der hat das mal schlicht die „Mund-zu-Mund-Beatmung" zwischen Journalismus und Politik benannt, weil er gesagt hat, als er nach Bonn kam – damals war Bonn noch der Regierungssitz – da war er erstaunt, dass praktisch jede politische Gruppe ihr Gegenstück in den journalistischen Büros der Regierungsstadt hatte oder jede Regierungsgruppe oder jeder Minister sogar hatte seine speziellen Ansprechpartner. Ich muss sagen, das sollte uns eben zu denken geben und wir sollten jetzt nicht so tun und sagen, dass dies nur in der schlimmen Kriegszeit so ist. Ich glaube, dieses Eingebettet-Sein in Strukturen als Journalist, darüber sollten wir eigentlich generell kritisch nachdenken.

Henryk Jarczyk: Dem ist nichts mehr hinzuzufügen. Wissen Sie, diese Abhängigkeit beginnt natürlich immer dann, wenn man seine sogenannten Quellen hat, Briefings mitmacht und dann jemanden anrufen kann. Dieses Vertrauensverhältnis beruht auf Gegenseitigkeit. Wenn wir irgendwo nur etwas nachfragen, um besser etwas verstehen zu können, dann ist es okay. Wenn wir nachfragen, wie hat sich das eigentlich abgespielt in Wirklichkeit, dann ist es Ordnung. Aber es ist nicht in Ordnung, wenn wir diese Informationen missbrauchen, um uns selbst wichtig zu machen. Dann war es das letzte Mal, dass wir diese Informationen bekommen haben im politischen Leben. Im Krieg, wissen Sie, den Soldaten interessiert das hinterher überhaupt nicht, was Sie gesagt haben, denn er hat den Befehl erhalten, er hat Sie halt mitzunehmen. Der führt nur Befehle aus. Und wenn er den Befehl bekommt, Sie vom Panzer herunterzuschmeißen, dann macht er es genauso, da könnten Sie noch so nett sein und noch so schöne Augen ihm machen, als Mann oder als Frau, spielt keine Rolle, der wird sich Ihrer entledigen. Ich meine, Peter Scholl-Latour ist eines der großen Beispiele für Deutschland und für Frankreich, was "embedded journalism" in früheren Zeiten anbelangt. Wenn Sie sich den anhören, das war schon etwas anders. Da hat man versucht, halt selbständig zu denken. Ich will nicht sagen, dass die Kolleginnen und Kollegen, die jetzt unterwegs waren, nicht selbständig gedacht haben, aber sie begaben sich in eine unglaubliche technische, moralische und physische Abhängigkeit von denjenigen, die sie da mitgenommen haben, gleichgültig auf welche Art und Weise. Das ist etwas, was Sie dann einfach nicht wegdenken können, auch nicht aus den Berichten. Wenn wir hier suggeriert bekommen, 1 zu 1 per Satellit live dabei zu sein, wir befriedigen ein voyeuristisches Element dieser Gesellschaft. Denn was erfahren wir wirklich? Wir erfahren im Prinzip nicht so viel.

Johannes Grotzky: Das, was Bettina Gaus in der taz geschrieben hat mit ihrer Kritik zu der Irak-Berichterstattung, sollte uns wirklich nachdenklich machen. Dass man trotz dieses massiven Aufgebotes an Informationen am Schluss nur weiß, wer ist der Sieger und wer ist der Verlierer, mehr nicht. Wir wissen über den Verlauf nicht sehr viel und wenn wir uns ganz ernsthaft mal eine einzige Frage stellen: Hat der "embedded journalism" im Irak-Krieg dazu geführt, dass wir bis heute auch nur annähernd objektiv einschätzen können, wie viele Opfer es auf irakischer Seite gegeben hat, so müssen wir sagen, nein. Wir wissen bis heute nicht, wie die Opferseite der irakischen Armee oder der Zivilbevölkerung ausgesehen hat. So etwas macht mich doch sehr nachdenklich.

Henryk Jarczyk: Zu korrigieren ist im nachhinein wahnsinnig schwer. Es sei denn, die Betroffenen schreiben Bücher. Siehe z.B. diese Soldatin aus den USA, die jetzt behauptet, das war alles ganz anders mit der Befreiung. Dann entstehen auch Legenden und Ähnliches. Gerade bei uns im Hörfunk ist das so wahnsinnig schwierig. Wissen Sie, wenn Sie etwas „herausposaunt" haben, können Sie nicht davon ausgehen, dass die gleichen Menschen wieder am Radio sitzen und genau die Geschichte hören, wenn Sie wieder zurückrudern oder korrigieren müssen. Im Fernsehen ist es genauso schwierig.

Johannes Grotzky: Das ist schon in der Tat so. Dinge zurückzuholen, die falsch waren, ist fast nicht mehr möglich. Das ist schon wahr.

Frage: Sie haben ja gesagt, dass, wenn die Dinge passiert sind, im nachhinein am Thema Vergangenheitsbewältigung kein Interesse besteht. Wie war es denn jetzt wirklich, das zu erfahren?

Johannes Grotzky: Viele Leute möchten ja auch nun einen Schlussstrich machen in der Berichterstattung. Endlich ist dieser

Konfliktherd vorbei. Zu Anfang ist man voyeuristisch dabei. Inzwischen sind die Leute doch gelähmt, wenn sie immer wieder von neuen Attentaten im Irak hören. Was interessiert sie noch? Ich habe jetzt sehr interessante, ganz hintergründige Reportagen über Vergangenheitsbewältigung im Irak gesehen. Da war ich sehr angetan davon, sehr gut recherchiert, ganze Familiengeschichten. Aber ein normaler Zuschauer oder Zuhörer hat jetzt gar nicht mehr das Interesse, weil das Thema Irak irgendwann mal abgeschlossen sein soll.

KRIEGSREPORTER-TOURISMUS

Dann hat Henryk vorhin etwas angesprochen, das ist die Truppe der Kriegsreporter, die so durch die Lande ziehen. Die haben wir alle erlebt, weil ich ja in der Regel fest im Ausland stationiert war und nicht nur rumgezogen bin. Das sind die Leute, die nach zwei, drei Tagen feststellen, hier gebe es keine Geschichte mehr zu verkaufen, also ziehe ich woanders hin. Und es gibt noch eine Sache, die mich ganz schrecklich bewegt hat. Es gab beispielsweise im Jugoslawien-Krieg eine ganze Menge von Fotoreportern, die über die französischen Truppen, die ja da waren, ihr Bildmaterial sofort rausgeschafft haben, ohne erklärende Begleittexte. Die haben also Filme voll geknipst und diese rausgeschafft. Die wurden entwickelt und dazu hieß es nur „Jugoslawien-Krieg". Sie wurden an Agenturen in Frankreich gegeben und verbreitet. Die Redakteure wussten gar nicht mal, was da war. Also hat man angefangen, Bildgeschichten zu erfinden. Sie können heute beim Magazin Stern beispielsweise Fotoreportagen mit erfundenen Bildunterschriften, die nicht stimmen können, sehen. Zum Beispiel sieht man dort eine Frau, die sich über ein Grab beugt und dann hieß es, das war ja also eine trauernde Muslima, deren Mann, ein Muslim, gerade von serbischen Heckenschützen erschossen wurde. In der Tat beugt sie sich aber über ein Grab mit einer ganz bestimmten Form von Kreuz, das war nämlich ein orthodoxes Kreuz und da drin kann kein Muslim, sondern nur ein Christ liegen. Also kann die Bildunterschrift nicht stimmen. Da wird man skeptisch. Oder beispielsweise gibt es in der New York Times auch eine Fotoserie, wo ein Vater mit seinem kleinen Sohn mit erhobenen Händen abgeführt wird. Dort wurde geschrieben, auch das seien leider die Opfer der serbischen Aggression – ein Muslim und sein Sohn, der also jetzt zur Erschießung abgeführt wird. Die beiden haben aber so genannte Tschetnik-Mützen getragen. Dies waren bestimmte serbische Mützen, die ein Muslim niemals aufsetzen würde. Also ist es sehr in Frage gestellt, ob es wirklich Muslime sind. Auch dort muss man sagen, das sind Bildgeschichten, die ohne Legende, ohne Unterschrift von Agenturen verbreitet und von Redaktionen beschriftet worden sind. Das Fotomaterial ist rausgekommen eben von so genannten „embedded journalists", die mit einzelnen Schutztruppen in das Kriegsgebiet gereist waren und über diese UN-Truppen ihre damals unentwickelten Filme (Digitalfotografie gab es noch nicht) ohne weitere Begleittexte rausgeschickt haben. Auch da habe ich gelernt, diese Dinge mehrfach zu hinterfragen.

Wenn man auf ein Bild schaut – und das ist eine der Übungen, die ich immer wieder mache – prüfen Sie selbst: Erliegen Sie einer Suggestion oder nicht? Nehmen Sie eine ganz einfache Übung, die habe ich früher gemacht an der Uni. Zwei Gruppen – Sie geben beiden Gruppen dasselbe Foto, ein Stadtfoto von Sarajevo. Nehmen Sie Bagdad heute. Der einen Gruppe sagen Sie, ihr müsst hierzu eine Geschichte schreiben, denn das ist das Foto, als die Menschen, die verschiedenen Nationen, friedlich miteinander lebten. Dazu braucht ihr jetzt eine Überschrift. Der anderen Gruppe geben Sie dasselbe Foto, Stadtansicht Sarajevo, Innenstadt, und sagen, das ist die Stadt kurz vor der Explosion auf dem Höhepunkt nationaler Spannungen. Ihr könnt schon förmlich in dem Bild sehen, wie die Menschen gegeneinander gerichtet sind und bald fangen die gegenseitigen Gräueltaten an. So können Sie den Leuten völlig unterschiedliche Prädispositionen suggerieren und Sie werden feststellen, Sie schreiben zwei völlig verschiedene Bildgeschichten dazu. Das ist Manipulation und die Manipulation kann man nur durch Selbsterfahrung auch mal offenlegen. Das ist eine sehr wichtige Sache.

Frage: Stichwort Zensur vielleicht noch. Inwiefern waren Sie betroffen von der Zensur? Sie würden gerne etwas Anderes berichten, aber wurden dann gezwungen von den Militärs vor Ort, nein, so geht es nicht, das ist nicht so, wie wir das wollen. Gab es da Beispiele?

Henryk Jarczyk: Beim Hörfunk ist es natürlich nicht so problematisch gewesen. Solange der Krieg noch nicht tobte, und zwar der Nato-Krieg in Jugoslawien, und gab es tatsächlich nicht eine Zensur. Ich kam dann z.B. von der bosnischen-serbischen Seite nach Belgrad zurück und von dort aus konnte ich alles per Daten übermitteln, was ich wollte. Da gab es keine Einschränkungen. Abgesehen davon, so wichtig sind wir dann auch nicht. Wir sind eben nicht die großen Fernsehanstalten in der Welt, die dann auf solche Geschehnisse so einen Einfluss nehmen würden, dass dann die Regierungen permanent auf uns mit Argusaugen schauen. Das ist viel subtiler. Aber Sie geraten natürlich schon in Situationen, wo die Gesprächspartner Zensur üben wollen und sagen, das war alles gut und schön, aber jetzt lassen wir Dich nicht mehr nach Hause. Und Sie wissen, Sie sind hier allein unterwegs, kaum einer weiß, wo Sie eigentlich sind. Wenn Sie nicht zurückkommen, kann man immer behaupten, Sie hatten einen Autounfall auf den schlechten Straßen. Was machst Du jetzt?

UMGANG MIT DER ZENSUR

Da versuchen Sie, dieser Zensur insofern vorzubeugen, dass Sie sich sagen, ich muss eigentlich die Geschichte mit nach Hause nehmen, weil die O-Töne wunderbar sind. Und da hilft die Sprache, Trinkvermögen, Rauchen, Singen, sich verbrüdern mit den Leuten und sagen, wir sind doch alle Slawen, lasst uns doch in Frieden leben. Eine Geschichte erfinden und überlegen, wie kommst Du da heil raus und wie entgehst Du dieser Zensur, die aber nicht nur Deinen Beitrag bedroht, sondern eben auch Dich persönlich in Gefahr bringt. Das sind so subtile Geschichten, die passieren und man ist jedes Mal wieder froh, dass man draußen ist und man sagt, nie wieder so einen Unsinn. Aber man macht ihn natürlich immer wieder, weil man nur dann etwas tatsächlich erfährt, wenn man sich mit den Leuten hinsetzt, mit ihnen raucht, mit ihnen trinkt, mit ihnen singt und dann sind sie eher bereit, Ihnen etwas zu erzählen. Sie müssen denen nicht sagen, das ist gut, was ihr macht. Aber Sie haben dann diese Möglichkeit, etwas aus den Leuten rauszuholen ohne ihnen Ihre eigene Meinung aufzuzwingen. Was Sie hinterher daraus machen, ist eine andere Geschichte. Die Zensur findet post factum statt, in dem man Ihnen z.B. die Akkreditierung nicht verlängert. Dies war bei mir einmal der Fall. Ich habe nicht Milošević kritisiert, weil er ein mutmaßlicher Kriegsverbrecher sei oder sonst was. Das interessiert den Mann nicht mehr, sondern ich habe angefangen, zu recherchieren über die finanziellen Verflechtungen der kommunistischen Partei, also der Partei, die seine Frau geleitet hat. Das mögen die dann doch nicht. Na ja, das hat ihn dann schon gekratzt. Die Generalkonsulate in Deutschland waren angewiesen, alles, was an Kommentaren und Beiträgen so lief, über Jugoslawien wieder zurückzuschicken, übersetzt und interpretiert, analysiert und sie machen das natürlich ganz offen mit Namen. Dann sagen die, es gibt keine Akkreditierungsverlängerung und dann müssen Sie halt weg. Und der Chefredakteur sagt unter Umständen, mein Gott, was machen wir jetzt, musste das denn unbedingt sein? Meiner hat es Gott sei Dank nie gesagt, aber es gibt welche, die dann auch Druck auf Sie ausüben und sagen, dass nächste Mal bitte vielleicht doch nicht so laut.

Johannes Grotzky: Ich glaube, Zensur wird es immer geben und hat jeder von uns erlebt. Was Henryk Jarczyk gerade schildert, politische Zensur sowieso, Drohgebärden hinterher, militärische Zensur auch. Ich habe relativ viel auch mit CIA-Leuten gearbeitet, die ganz knallhart sind, die sagen, selbstverständlich, diese Dinge sage ich Dir und wenn Du das missbrauchst, d.h. wenn Du eine Quelle offenlegst oder so, kannst Du sicher sein, dann wirst Du solche Schwierigkeiten kriegen, dass Du einfach als Journalist auch nicht mehr weiterarbeitest. Es war einmal ein Erlebnis, da war ich leider auch nicht sehr gut vorbereitet, in China, während Unruhen, die 1989 stattfanden am Tian'anmen-Platz. Der eine oder andere weiß noch, da hat man später die

Panzer auffahren lassen gegen die Demonstranten, das ist dann sehr blutig geworden. In dieser Zeit waren wir eigentlich dort, um ein großes Ereignis zu feiern. Gorbatschow kam nach China. Es war zum ersten Mal, dass ein sowjetischer Staatschef wieder nach China fuhr nach dem großen Krach zwischen Mao und Chruschtschow. Die Pekinger Studenten haben das genutzt, um so eine Art Demokratiebewegung zu machen. Da waren auch viele Fernsehkollegen dabei. Das war erst alles wunderbar, bis dann die chinesischen Behörden angefangen haben, uns Termine zu geben, wo wir nicht rechtzeitig hinkamen. Die Verbindungen klappten plötzlich nicht mehr, die Autofahrer konnten uns nicht mehr verstehen, die Dolmetscher wussten nicht mehr das, was sie übersetzen sollten. Man hat erstmal auf diese Weise versucht, uns auszutrocknen. Als es hart auf hart kam – die meisten ausländischen Journalisten waren in einem Hotel – als sie dann immer noch auf die Straßen gingen und die Demonstration filmten, haben sie einfach im Hotel überall die Stecker bei den Live-Übertragungen rausgezogen und dann haben sie im Anschluss daran den Strom abgeschaltet und damit war es einfach vorbei. Dann brach das Bild für die ausländischen TV-Kollegen zusammen. Damals gab es noch keine Handys, heute können Sie mit Handys arbeiten. Man muss sich vorstellen, was für eine gigantische Entwicklung wir genommen haben. Wenn Sie heute eigenen Strom haben, also gute Akkus, dann können Sie von jedem Platz der Welt aus praktisch zensurfrei über Satellit kommunizieren. Ich glaube, das ist vielleicht die entscheidende Veränderung im Journalismus heute, dass wir weltweit Informationen verbreiten und empfangen können mit der notwendigen Technik natürlich. Das wird überhaupt auch den Umgang mit solchen Krisen- und Kriegsereignissen verändern. Noch mal, das suggeriert Authentizität, das suggeriert Präsenz, also zeitgleich zu dem Ereignis bin ich ja dabei. Wer hätte sich von unseren Eltern vorstellen können, dass man mit einer Kamera dabei ist, während woanders gerade geschossen wird. Trotzdem bedeutet das nicht ein Mehr an Verständnis für das, was wirklich passiert. Das ist so eine Schein-Authentizität, von der ich gerne rede, wo wir glauben, wir haben es doch gesehen, wir waren doch dabei, dann kann ich das Ereignis abhaken. Trotzdem wissen wir nicht, mit welcher Auswirkung was passiert ist. Wir müssen uns verdammt hüten, dass wir nicht glauben, durch technisch mehr Möglichkeiten besser informiert zu sein. Das stimmt nicht.

Henryk Jarczyk: Und nicht der Gefahr oder dem Bedürfnis unterliegen, etwas sofort transportieren zu müssen, auf Teufel komm raus, sondern sich immer über die Konsequenzen wirklich Gedanken machen. Beispiel noch mal der Nato-Krieg gegen Jugoslawien. Es gab Kollegen, die im Kosovo am Anfang des Krieges, solange es noch ging, versucht haben, dort zu bleiben. Es waren aber Kollegen, die da reingekommen sind, ohne vorher dort gewesen zu sein, d.h. sie benötigten Dolmetscher, sie benötigten jemand, der sie beherbergt. Diejenigen, die dort länger unterwegs waren, vier, fünf Jahre, die haben versucht, immer in den Spitzenzeiten schon die Informanten nicht mehr zu kontaktieren in ihren Wohnungen, wenn, dann vereinbarte das Team, sich irgendwo zu treffen. Wir wohnten alle im Hotel, sodass wir im Prinzip nur uns repräsentierten und am Schluss hätten wir nur die Verantwortung getragen für das, was wir tun. Diejenigen, die dann aber eine Familie dazu missbrauchen, um sich dort „einigermaßen einnisten" zu können, von dort auch telefonieren, von dort etwas verbreiten, was die da unten, die da schießen, in Rage bringt, die handelten meines Erachtens sehr leichtfertig. Was passiert, ich als Journalist, als ausländischer, werde vielleicht noch rausgeschmissen, dann heißt es halt eben hau ab. Aber von der einheimischen Familie weiß ich doch gar nicht, ob die nicht an die Wand gestellt und erschossen wird, weil man ihnen vorwirft, ihr habt Landesverrat begangen. Da kräht hinterher kein Hahn danach. Das sind so Dinge, die Sie auch, wenn Sie länger in dem Land und eben nicht „embedded" sind, anfangen zu überlegen. Und vielleicht deswegen, um auf Ihre Frage zurückzukommen, wer wird da ausgewählt. Es wird nicht der Korrespondent vor Ort ausgewählt, der ist schon viel zu stark verwurzelt, sondern es muss jemand sein, der keinen kennt. Der keine Bindungen hat, der auch nicht die familiären Verhältnisse kennt, nicht die Kinder, nicht die Oma und sich einfach keine Gedanken macht, sondern denkt, wichtig ist meine Institution, die ich hier vertrete, mein Presseorgan. Wichtig ist, dass ich die Story rausbringe. Was hinterher passiert, kümmert mich nicht, ich habe keine emotionale Bindung an die ganze Geschichte.

Frage: Sie meinen also, um es zusammenzufassen, dass ein „Außenvorsein" ein „Weniger-Involviertsein" sozusagen eine Prädisposition ist für eine Akkreditierung als „embedded journalist"?

Henryk Jarczyk: Ich würde schon sagen, dass diejenigen auf militärischer Ebene der Krieg führenden Parteien, die dann aussuchen, wer mitreisen darf, natürlich auch nach diesem Kriterium handeln. So wenig wie möglich demjenigen, der da mitfährt, die Möglichkeit zu eröffnen, etwas beurteilen zu können, was außerhalb von deren Befugnisbereich liegt.

Johannes Grotzky: Ich kann mich jetzt auch nicht erinnern, aber ich bin da auch nicht so gut informiert, dass bewusst bei den „embedded journalists" Spezialisten für den Irak dabei waren, die mit ihrer Kompetenz gesagt haben, wir müssen das so oder so beurteilen. Soweit ich mich jetzt im Moment erinnere, ich habe mehr amerikanisches Fernsehen in der Zeit gesehen, waren das alles ganz normale Kriegs- und Krisenreporter, die weltweit im Einsatz sind...

Henryk Jarczyk: ...die Erfahrung haben mit Krisenberichterstattung. Wissen Sie, Auslandskorrespondenten sind in der Regel keine Kriegsreporter. Wir geraten in Kriege und wir werden zwangsläufig aufgrund der Situation, die sich da entwickelt, zu Kriegsreportern. Keiner von uns fährt in ein Land, um eben als Kriegsreporter zu berichten. Das ist eine ganz spezielle Sorte der Journalisten, die das immer wieder machen. Wie Johannes Grotzky gerade sagte, diejenigen, die da mitgenommen worden sind, das sind in erster Linie erfahrene Journalistinnen und Journalisten im Bereich Krisenberichterstattung. Wie schnell muss ich laufen können, wann ducke ich mich, wann kann ich meinen Beitrag absetzen, welche Möglichkeiten gibt es, welche Stecker muss ich mitnehmen, um einfach hier und dort den Strom abzapfen zu können. Muss es ein Western-Plug sein, halt eben, wenn ich telefonieren will oder kann ich eine TEA-Steckdose mitnehmen. Das sind Leute, die auf diesem Gebiet ungemein viel Wissen und Erfahrung haben, von dem Land nicht unbedingt etwas wissen müssen. Sie lesen sich das sicherlich vorher an. Noch einmal, es sind nicht unbedingt gefragte Spezialisten für das Land. Sie müssen mit der Situation fertig werden und dafür müssen sie spezialisiert sein. Auslandskorrespondenten sind in der Regel eben diejenigen Leute, die versuchen, von Sport über Kultur bis hin, wenn es notwendig sein sollte, halt über Kriege zu berichten. Sie sind aber nicht aus diesem Grund in diesen Ländern, das ist ein ganz gravierender Unterschied.

Frage: Kann man eigentlich zusammenfassend sagen, ein „embedded journalist“, der ist also eingebettet, an das Militär gebunden, wie im Falle Irak-Krieg oder andere Kriege? Kann man sagen, dass der Journalist, der sich frei bewegt, die objektiveren Geschichten liefert und der eingebettete, der im Panzer Richtung Bagdad rollt, so untergeordnet ist ...?

GEFAHR DES MISSBRAUCHS

Henryk Jarczyk: ...nein, ich maße es mir nicht an, das so zu formulieren. Jeder von uns, der da rausgeht, aus welchen Gründen auch immer, versucht natürlich nach bestem Wissen und Gewissen zu berichten und versucht, objektiv zu sein. Ich würde keiner Kollegin und keinem Kollegen unterstellen per se, dass sie subjektiv berichten wollen. Dies macht kein seriöser Journalist und die meisten sind seriös.

Diejenigen, die vom Militär irgendwo mitgenommen werden, die Sprache nicht sprechen, die topographischen Bedingungen, die Mentalität nicht kennen, sich in diesen Ländern zum ersten Mal unter Umständen aufhalten, unterliegen eher der Gefahr, missbraucht werden zu können und Informationen zu verbreiten, die nicht unbedingt hundertprozentig den Tatsachen entsprechen, als diejenigen, die vor Ort waren, als es noch keinen Krieg gab und dann über diesen Krieg berichten müssen. Ich glaube, das ist in der Kriegsberichterstattung, was den Irak anbelangt, unter wirklich einigen Kollegen ganz deutlich geworden. Das konnte man sehen und hören.

Eine Kollegin, die für uns gearbeitet hat als ARD-Korrespondentin aus Amman die ganze Zeit, sie war nicht während des Krieges im Irak, in Bagdad, sondern sie war immer an den Grenzen und hat in dem Moment, als der Krieg vorbei war, das Territorium wieder frei betreten, weil sie da wieder frei berichten konnte. Wenn Sie sich ihre Informationen im Radio angehört haben, da haben Sie festgestellt, da war Tiefe, da war Substanz. Sie hat Ihnen erklärt, warum ausgerechnet dieses Krankenhaus so miserabel ausgestattet ist und warum das so wahnsinnig schlimm ist, warum gerade dieses Krankenhaus jetzt halt eben bombardiert worden ist. Sie hat Ihnen erklärt, warum dieser oder jener das jetzt im Fernsehen gesagt hat. Sie hat versucht, Ihnen auch zu erklären, was es bedeutet eben, wenn Kinder dieses oder jenes nicht mehr bekommen, während die anderen zwangsläufig sich natürlich auf das beschränken mussten, was das Militär ihnen vorgab. Also, wie viele Truppen sind gerade vormarschiert, gab es heute Zwischenfälle, wer ist links, wer ist rechts abgebogen, wie viele Soldaten waren daran beteiligt, sofern diese Informationen weitergegeben werden konnten, wie stark war der Widerstand? Wie gesagt, beides macht Sinn, wenn man es im Zusammenhang hört und sieht. Einzeln betrachtet, fehlt Ihnen irgendein Mosaikstückchen.

Ich möchte, wie gesagt, niemanden von denjenigen – der Job ist schon schwer genug – unterstellen, dass er tricksen will. Aber die einen halt laufen eher Gefahr, über den Tisch gezogen zu werden und die anderen weniger. Ganz frei von dieser Gefahr ist keiner. Ich würde es niemanden unterstellen, dass er es von vornherein so anlegt, also, das glaube ich nicht. Den Job macht man nicht einfach, um zu tricksen.

Journalismus im „Kulturradio“

Diskussionen um den Begriff der Kultur sind legendär. Warum soll das beim Radio anders sein. Ich bekenne vorweg, dass ich Schwierigkeiten mit dem Begriff „Kulturradio“ habe. Denn ich weiß nicht, was sich dahinter verbergen soll. Reden wir von einem Programm, das sich als Spartenprogramm ausschließlich der Vermittlung von und den Berichten über Kultur widmet?

Oder sprechen wir von klassischen Vollprogrammen, die in der Tradition des Hörfunks den Auftakt zur Rundfunkgeschichte gebildet haben? Damals wurden rundfunktypische Genres wie das Hörspiel oder die Technik der Live-Übertragung von Konzerten entwickelt. Dazu kam die gesprochene Literatur, der oder das Essay, dann das Hörbild und mit der Entwicklung beweglicher Tonbandgeräte auch noch das Radiofeature.

Oder meinen wir heute mit „Kulturradio“ schlicht einen Alibibegriff, um all jene Bereiche abzudecken, die wir einem öffentlich-rechtlichen Rundfunkauftrag schulden, über dessen Inhalt wir jedoch sehr herzhaft zu streiten verstehen?

Damit möchte ich auf das Problem hinweisen, dass der Rundfunkauftrag in seiner Ausgestaltung - bis auf einige Grunddefinitionen - in der Tat Spielraum für verschiedene Interpretationen und Umsetzungen lässt. So heißt es im Bayerischen Rundfunkgesetz, Artikel 4:

„Die Sendungen des Bayerischen Rundfunks dienen der Bildung, Unterrichtung und Unterhaltung. Sie sollen von demokratischer Gesinnung, von kulturellem Verantwortungsbewusstsein, von Menschlichkeit und Objektivität getragen sein und der Eigenart Bayerns gerecht werden. Der Bayerische Rundfunk hat den Rundfunkteilnehmern einen objektiven und umfassenden

Überblick über das internationale, das nationale und das bayerische Geschehen in allen Lebensbereichen zu geben."[57]

Erst in einer Ergänzung vom Oktober 2011 sind weitere inhaltliche Zuweisungen definiert worden. Im Rahmen der Digitalisierung, die in Bayern von den privaten wie von den öffentlich-rechtlichen Anbietern mit Nachdruck betrieben wird, sind die Hörfunkprogramme des BR ausgebaut worden. Dadurch sind wir mit der Erstellung von nunmehr zehn Radioprogrammen beauftragt, deren einzelne Schwerpunkte ebenfalls im Gesetz markiert, nicht aber ausdefiniert sind. Bei diesen Programmschwerpunkten unterscheiden wir zwischen „Kultur" im Sinne des Wortradios einerseits und „Klassik" andererseits. Im Klartext: Unser Rundfunkgesetz weist diese beiden Schwerpunkte zwei verschiedenen Programmen zu.

Wenn wir also von einem Radio wie Bayern 2 sprechen, dann umschließt dies eben nicht den Bereich der Klassik. Oder anders ausgedrückt: Im Tagesverlauf von Bayern 2 findet überhaupt keine Klassik statt, wenn man von einer Nachtstrecke für bayerische Gegenwartskomponisten absieht. Dennoch ist dieses Programm die Heimat all jener originären Genres, die den Kulturbegriff im Radio geprägt haben als da zu nennen sind:

- *Das Hörspiel* mit seiner Weiterentwicklung zur radiophonen Kunstform, bei uns Medienkunst genannt. Dieses Genre ist ebenso legendär wie unsterblich solange wir Radio hören.

- *Die Literatur im Radio.* Um die Bedeutung dieses Genres zu verstehen, muss man sich in jene Zeit nach der kulturellen Enthauptung unserer Gesellschaft durch den Nationalsozialismus versetzen. Die verbrannte Literatur musste wiederentdeckt werden. Buchdruck und Buchverkauf liefen erst langsam an. Doch durch den Einsatz des Radios als Propagandamaschine hatte Goebbels zumindest erreicht, dass in den meisten Haushalten auch nach dem Krieg noch Radios vom Typ Volksempfänger waren. Diese Geräte dienten nun der Überwindung jenes unseligen Zeitgeistes, für dessen Propaganda sie eigentlich produziert

[57] https://www.br.de/unternehmen/inhalt/organisation/rechtsgrundlagen-gesetze-bayerisches-rundfunkgesetz100.html (Aufruf 11.06.2018).

worden waren. Doch auch heute noch ist die gesprochene Literatur eine Interpretation von Text und texuteller Konzeption.

- Als nächstes möchte ich *das Hörbild* erwähnen, also das getextete Bild als gesprochenes Wort, in der Zeit nach dem Zweiten Weltkrieg im Bayerisches Rundfunk genreprägend durch solche Größen wie Reinhardt Raffalt und Horst Krüger (der Schriftsteller, nicht der Musiker) vertreten.

- Dann *„der" oder „das" Essay,* der freie, gesellschaftliche Diskurs in seiner radiotypischen Form. Das gesprochene Wort als Reflexion, Provokation und Addition zu vermeldeten Mehrheitsmeinungen oder vermeintliche Zeitströmungen, beim BR als eigenes Genre, ergänzt durch andere Formen, unter dem Begriff „Nachtstudio" bis heute weitergeführt.

- Mit der zunehmenden Mobilität von Aufnahmegeräten - eine Vorstellung, die heute nur noch über Sechzigjährige mit mir teilen können - hat *das Radiofeature* eine neue Dimension erhalten. Neben die reinen Studioproduktionen trat das Originalton-Feature. Der Autor als akustischer Interpret von Vorgängen und Sachverhalten.

- Dann bleibt auf jeden Fall noch *das Feuilleton,* das in seiner Formen- und Themenvielfalt unter verschiedenen Sendungsnamen erfolgreich gepflegt wird.

Ungenannt bleiben dabei Formen wie das Gespräch, die Reportage, der Kommentar, die natürlich alle ihre Berechtigung als angemessene Gefäße für kulturelle Inhalte haben. Mir ging es jedoch um die bisher genannten Inhalte, die ich zu den kulturellen Genres im Radio zähle und aus denen sich das Kulturradio beim Wort und im wortübergreifenden radiophon-akustischen Bereich überwiegend speist.

Doch der Programmauftrag geht deutlich weiter. Denn während diese Genres kulturstiftend und/oder kulturprägend sind, muss das Kulturradio auch schlicht informieren. Und zwar über kulturelle Ereignisse. Natürlich gehören eine Besprechung des Theaters - auch des Musiktheaters -, eine Bücherschau, ein Kulturkalender, ja Kulturpartnerschaften im gesellschaftlichen Raum dazu bis hin zu Hörtouren und der Erstellung von Audio-Guides; nicht zuletzt aber gehört der Dialog zu jenen Aufgaben, die dem Kulturradio obliegen.

Wenn ich bis hier her die Klassik vom Altertum bis zur Moderne ausgelassen habe, so hängt dies damit zusammen, dass wir im Bayerischen Rundfunk ein erweitertes Genreverständnis entwickelt haben, das den Bereich des Radios überschreitet. Denn die bisher genannten Inhalte werden bei uns nicht mit klassischer Musik verbunden. Die Hörer der geschilderten Wortangebote bevorzugen unserer Erfahrung nach eine völlig andere Musik, über die auf dieser Tagung sicher noch fachkundig berichtet werden wird.

Wir haben stattdessen die Dachmarke BR Klassik gegründet, die folgende Bestandteile umfasst:

- Ein 24-stündiges Hörfunkprogramm mit Klassik aus allen Zeitepochen, Berichten über Klassik, das Musikfeature sowie Klassikangeboten für Jugendliche und Kinder.
- Alle Klassiksendungen in unseren Fernsehprogrammen, also im Bayerischen Fernsehen und in BR-alpha (jetzt ARD-alpha), die ebenfalls mit demselben Signet wie die Radiowelle „BR Klassik“ gebrandet sind.
- Alle Klangkörper des BR, also das Symphonieorchester mit seinem zusätzlichen Kammerorchester, das Münchner Rundfunkorchester, den Chor des Bayerischen Rundfunks.
- Ein eigenes CD- und DVD-Label BR Klassik, das wir mit gemeinsamer Anstrengung aus der Taufe gehoben haben und welches nach den ersten Auszeichnungen mit Echo-Klassik und anderen Preisen sich nun bereits selbst trägt.
- Alle off-air-Aktivitäten vor allem im musikpädagogischen Bereich.
- Alle begleitenden Publikationen und Marketingmaßnahmen, die ebenfalls unter der Gemeinschaftsmarke BR Klassik firmieren.

Hier also liegt - um in der Diktion unserer Tagung zu bleiben - ein echtes und ausschließliches Kulturradio-Angebot vor.

Kommen wir also zu den Problemen, die unsere Mischformen im sonst so genannten Kulturradio aufwerfen. Da ist zunächst der immer weiterwachsende Bereich von Wissenschaft und Bildung. Lassen sich aber die Fragen der Fort- und Weiterbildung, der Bildungspolitik, der Wissenschaftspolitik, die neuen Erkenntnisse der Genetik, der Immunologie oder der Organverpflanzung, die Rätsel der Algorithmen von Google und Facebook, der Massenmarkt von App-Entwicklungen, psychologische und soziologische Studien zu frühkindlicher Entwicklung oder aber das Ringen um die jüngsten Theorien zum Frauen-Mentoring im MINT-Bereich noch unter einen gemeinsamen Oberbegriff subsumieren?

Ist dies alles noch Kulturradio?

Und ist die Pflege von Brauchtum, Dialekten, regionaler Identität und Volksmusik - was alles beim Bayerischen Rundfunk eine große Rolle spielt - keine Kultur? Eine solche Behauptung wäre vermessen. Gleichwohl würden sich viele Verteidiger eines Kulturradios vermutlich mit der Pflege von solchen Themen eher schwertun. Auch hier weist Bayern 2 einen recht großen Spagat auf, obwohl diese Inhalte schwerpunktmäßig einem anderen Programm zugeordnet sind.

Und wie steht es mit der kulturellen Pflege der Nachwuchsszene im Rock- und Popbereich? Natürlich haben wir dafür ebenfalls andere Schwerpunktprogramme. Gleichwohl nimmt der legendäre Zündfunk auf Bayern 2 genau jene avantgardistische Rolle ein, die nötig ist, um überhaupt ein Forum für neue Musikentwicklungen im Rock-und Popbereich zu ermöglichen.

Wenn der Begriff Kultur für die Gestaltungsvielfalt einer Gesellschaft über die Grundbedürfnisse an Information hinaussteht, dann müssen wir auch dem Kulturradio einen solchen breiten Stellenwert einräumen.

Wenn ich mich jedoch auf einen sehr engen - aus meiner Sicht elitären - Kulturbegriff der Opernhäuser und Theater, der Literatur und Schönen Künste zurückziehe, dann wäre das Kulturradio ein Spartenangebot, das nur einem selbstreferenziellen Marketingeffekt für die Kulturszene entspräche.

In jedem Fall also bedarf es einer Klärung dessen, was wir darunter verstehen. Wie ich eingangs erwähnt habe, ringe ich mit mir immer, wenn es um den Begriff des Kulturradios geht, weil in meiner Denktradition Radio schlechthin für Kultur steht. Und zwar für eine Radiokultur, die ich nach inhaltlichen wie nach formalen Kriterien für meinen Verantwortungsbereich als Hörfunkdirektor schon oft vorgetragen habe. An erster Stelle steht die Forderung:

- Wir bilden die Welt so umfassend, vorurteilsfrei und barrierefrei ab wie möglich.

Wir wissen, dass unsere Programmstunden befristet sind ebenso wie die Arbeitskraft der Produzenten und die Aufnahmefähigkeit der Rezipienten. Der Begriff „umfassend" legt daher nur nahe, dass wir nicht einseitig Fakten traktieren und andere, ebenso relevante Fakten unterschlagen. Trotz Bemühen, vorurteilsfrei zu sein, bin ich ein leidenschaftlicher Anhänger des Kommentars, der in sich nicht ausgewogen sein soll, dem aber zur Ausgewogenheit bei Bedarf ein anderer Kommentar folgen kann.

Barrierefrei heißt, dass wir eine Sprache benutzen, die nicht verklausuliert, sondern entschlüsselt.

Barrierefrei heißt, dass wir uns nicht hinter Bildungsattitüden verstecken, sondern zur Bildung anregen.

Barrierefrei heißt, dass wir nicht mit unserem kulturellen Anspruch Menschen verschrecken, sondern sie zur Kulturrezeption anregen.

- Wir belügen nicht unser Publikum.

Wir machen zwar Fehler, aber wir legen uns Rechenschaft ab über das Verhältnis von Wahrheit und Wahrhaftigkeit. Mit anderen Worten: Wir vergewissern uns unserer Quellen, die unser Denken und Urteile speisen und begründen unsere Urteile. Und wir sagen auch, was wir nicht wissen oder nicht wissen können.

- Wir bemühen uns um angemessene radiophone Formen und audiophone Standards.

Das heißt aber auch, nicht alles muss in 5.1 Technik produziert werden, aber 5.1 Produktionen müssen auch möglich sein. Selbstfahrerstudios müssen ebenso möglich sein, wie Produktionen mit künstlerischen Tonmeistern und Tonmeisterinnen.

- Wir streben nach einer Quote, die ich als „qualifizierende Quote“ definiere.

Wenn eine Gesellschaft vier bis fünf Prozent der Bevölkerung ausweist, die sich für Klassik interessieren, dann möchte ich, dass unser Klassikprogramm in diesem Segment die Mehrheit der Zielgruppe erreicht. In diesem Fall entsprechen für mich 2,5 Prozent Reichweite einer 50-prozentigen qualifizierenden Hörerquote. Entsprechend genrebezogen kann man alle Stunden-, Halbstunden-, ja sogar Viertelstundenreichweiten nach ihrem qualifizierenden Quotienten bewerten. Wir müssen uns darauf einstellen, dass die Erhebung unserer Hörerzahlen auf ein anderes Messverfahren umgestellt wird. Denn Radio ist das einzige Medium ohne Einzelverkauf in Deutschland, dessen Nutzung bisher nicht elektronisch gestützt wird. Sogar die Nutzung der Plakatwerbung wird zielgruppengestützt mit Scannern erhoben!

Diese Grundpositionen bilden für mich jenen Anspruch auf Radiokultur, die jedem Programm zu eigen sein soll. Deshalb definiere ich diesen Kulturbegriff beim Radio als horizontale Basisleiste, auf der alle einzelnen Programmsäulen beziehungsweise alle Programwellen stehen. Dass sich darunter - zumindest im BR - zwei Wellen, nämlich Bayern 2 überwiegend und BR Klassik fast ausschließlich der Interpretation von Kultur und der Kulturvermittlung widmen, mag sie als Kulturradio auszeichnen.

Unsere sehr ernüchternde Erkenntnis jedoch zeigt, dass bei einschlägigen Umfragen zur Namensgebung das Attribut „Kultur“ potentielle Hörer eher verschreckt als anlockt. In diesem

Sinne, so warne ich, kann das beharren auf dem Begriff „Kulturradio“ dem Ziel einer Barrierefreiheit für alle, die wir für das Radio gewinnen oder die wir am Radio halten wollen, entgegenstehen. Aber das muss ja nicht immer so bleiben.

Archive – Gedächtnis des Journalismus

Der Griff zu den Suchmaschinen im Internet ist heute meist der erste Rechercheschritt. Doch für die publizistische Arbeit sind die Medienarchive immer noch von größter Bedeutung: Zeitungsarchive, Schallarchive, Filmarchive, in denen sich Content befindet, der bis heute noch nicht zur Gänze „rückdigitalisiert" werden konnte, aber für das zeitgeschichtliche Verständnis der journalistischen Arbeit unverzichtbar ist.

Eines meiner ersten großen Radiofeature handelte von Archiven in Deutschland. Das war 1979, als ich selbst noch hauptberuflich im Zeitungsarchiv des Bayerischen Rundfunks arbeitete. Für diese Sendung besuchte ich neben den Münchner Archiven das Bundesarchiv in Koblenz und das Bundesfilmarchiv Ehrenbreitstein, das Thurn- und Taxis-Archiv in Regensburg, aber auch die SPIEGEL-Dokumentation und die damals neue Pressedatenbank von Gruner & Jahr in Hamburg.

In der analogen Welt wurden Archive in Längenmaßen bewertet: Das Bundesarchiv wies damals 70 Regalkilometer Schriftgut und 52-tausend Kilometer Filmstreifen auf. Maßangaben, die heute von Giga- und Terrabyte abgelöst worden sind.

Natürlich haben mich zunächst alte Urkunden fasziniert. Im größten deutschen Adelsarchiv Regensburg liegt eine Urkunde von 1867, mit der Preußen das Postmonopol von Thurn und Taxis übernahm, unterschrieben vom späteren Kaiser Wilhelm I. und Bismarck. Oder im Hauptstaatsarchiv in München liegt die älteste Urkunde vom 7. Januar 777, mit der Karl der Große dem Kloster Fulda die Hammelburg übereignet hat. Doch diese Urkunden und Archivalien waren jahrhundertelang das Gedächtnis der Herrschenden, nicht der Allgemeinheit zugänglich. Im Gegensatz zu heute, wo auch solche Urkunden digitalisiert und ins Netz gestellt werden, war solches Wissen damals noch das Privileg der Herrschenden. Erst als Leopold von Ranke die eher philosophisch ausgerichtete Geschichtsschreibung mit quellenkritischem Material systematisierte, öffneten sich auch die Archive. Als erstes erlaubte 1868 das Wiener Haus- Hof- und Staatsarchiv Forschern den Zutritt. Dann folgte Preußen, und schließlich gab 1881 Papst Leo XIII. Zugang zu den Vatikanischen Archiven frei.

Seither sind Archive für Historiker, Publizisten, Politiker als anerkanntes Gedächtnis unserer Geschichte nicht mehr fortzudenken. Die Bedeutung der Archive kann man unschwer daran erkennen, dass – etwa nach dem Zweiten Weltkrieg – alle Siegermächte bemüht waren, soviel Archivmaterial aus der Nazizeit wie möglich sicherzustellen. Das passierte in den Nachkriegswirren nicht immer systematisch. So konnte die NSDAP Zentralkartei mit gut zehn Millionen Einträgen nur durch Zufall von der 7. US-Armee in München aus einer Papiermühle gerettet werden. Diese Kartei machte später als Document Center Berlin Schlagzeilen. Immerhin baute die Rechtsprechung in Nürnberg gegen die Naziverbrecher ebenso wie die geschichtliche Aufarbeitung der Nazizeit auf solchen Dokumenten auf.

Der Begriff des Archivs, des Archivars und der Archivarin trifft allerdings in der Öffentlichkeit nicht die wirkliche Bedeutung. Es gibt sogar literarisch belegte Vorurteile. Ein schöner Beleg ist die Novelle „Der Goldenen Topf“ von E.T.A Hoffmann. Ein Salamander, der in mythischer Vorzeit eine Untat beging, wurde zur Strafe in einen Menschen verwandelt. In seinem neuen Leben musste er sich den kleinlichsten Bedrängnissen des gemeinen Lebens unterwerfen: Er wurde Archivar.

In Wirklichkeit sind die Archivare, die auch Dokumentarinnen und Dokumentare sind, die herrschenden Figuren über unser zeitgeschichtliches wie historisches Gedächtnis. Dies gilt um so mehr, weil im digitalen Zeitalter Umfang und Methodik der Dokumentation ein Ausmaß angenommen haben, das zur Zeit der ersten Mikroverfilmung noch nicht abzusehen war. Vor 35

Jahren waren wir stolz auf die Mikrofilme, die wir in unhandlichen Lesegeräten auf riesigen Bildschirmen solange durchgedreht haben, bis zuweilen ein Film riss; oder Mikrofiches, hochauflösende Negative, auf denen man viele Blatt Papier verkleinert, aber noch lesbar unterbringen konnte.

Die erste Cross-Recherche mit einem eigenen Thesaurus, gewissermaßen die erste elektronische Pressedatenbank in Verbindung mit Microfiches, habe ich vor mehr als 30 Jahren bei Gruner & Jahr kennengelernt, als die berühmte SPIEGEL-Dokumentation noch darauf beharrte, dass nur der Original-Zeitungsartikel von Beweiskraft sein könne. In jenen Jahren mussten die SPIEGEL-Dokumentare zur Verifizierung einer einzigen Wochenausgabe sage und schreibe nahezu zehntausend Blatt Papier überprüfen. Kein Wunder, dass DER SPIEGEL zurzeit immer noch gut 70 Dokumentarinnen und Dokumentare hat. Das heißt, auf knapp drei Redakteursstellen entfällt eine Stelle in der Dokumentation. Das ist natürlich ein Traumverhältnis für alle Mediendokumentare und -dokumentarinnen.

Seitdem Urkunden nicht mehr mit der Hand geschrieben und besiegelt wurden, seit der Einführung der beweglichen Buchstaben und dem Beginn der Flugschriften, seit dem Zeitungsdruck, der Ton-, Bild- und Filmdokumentation hat sich das materialisierte historische Gedächtnis ständig vervielfacht. Mit der Digitalisierung und dem Internet hat eine neue Zeitrechnung für das Weltgedächtnis begonnen, die aus meiner Sicht von zwei Strömungen gekennzeichnet ist:

Erstens wird unter dem Anspruch der Demokratisierung versucht, allen Nutzern möglichst umfangreichen und barrierefreien Zugang zu nahezu allen Inhalten zu gewähren.

Zweitens beanspruchen zahlreiche Nutzer allein auf der Basis von Suchmaschinen, deren Generatoren sie gar nicht selbst bestimmen können, über inhaltliche Ergebnisse zu verfügen, die sie in die Lage versetzen, weitreichende, oft meinungsbildende Urteile zu fällen.

Doch nichts ist im digitalen Zeitalter leichter, als durch Manipulationen Fälschungen in die Welt zu setzen. Natürlich ließ Stalin seinen Gegenspieler Trotzkij aus Leninfotos retuschieren, sichtbar für jedermann. Und natürlich wurden auch früher schon Urkunden gefälscht, indem der Text raffiniert gelöscht und neu geschrieben wurde, während die Unterschrift und das Siegel erhalten blieben. Doch nur wenige hatten Zugang zu den Originalquellen und nur wenige hatten die Fähigkeit zu solchen Fälschungen. Das ist heute völlig anders.

Wir stehen also vor der Frage, wie können in einem digitalen Zeitalter die Dokumentarinnen und Dokumentare für dieselbe Glaubwürdigkeit einstehen wie die Archivare aus der Papierzeit, um das Gedächtnis der Menschheit nicht nachhaltig zu beschädigen oder gar zu betrügen? Hier komme ich auf das Ethos zu sprechen, das letztlich jeden in seinem beruflichen wie privaten Handeln bestimmen sollte. Damit habe ich zwar eine Leitlinie, die für mich in der Forderung mündet: Wir belügen unser Publikum nicht, auch wenn wir immer wieder Fehler machen, zu denen wir uns bekennen.

So sollte auch der Dokumentar, die Dokumentarin sagen können: Wir belügen uns selbst und damit auch unsere Kunden nicht, weil wir nach bestem Wissen und Gewissen Material sichten, gewichten, ordnen und bewerten. Der Widerspruch jedoch liegt auf der Hand: Sind wir überhaupt noch in der Lage, aus der Fülle von Trillionen Informationen das Notwendige herauszufinden? Ich glaube, ja. Wir werden immer spezifischere Datenbanken haben, wir werden immer zielgenauer bei der Cross-Recherche, die Übereinstimmungen wie Widersprüche identifizieren. Und wir werden zunehmend alte Archivbestände digital erschließen. Eines der faszinierendsten Vorbilder ist dabei das Vatikanische Archiv im Internet, das sogar einzelne päpstliche Verlautbarungen in sechzehn Sprachen anbietet.[58] So etwas ist für jeden Auslandskorrespondenten in Rom von unverzichtbarem Nutzen.

Um abschließend noch einmal klarzustellen: Google, Yahoo, Lycos, Bing, Yandex und wie sie alle heißen – sind Suchmaschi-

[58] http://www.vatican.va/archive/index_ge.htm (Aufruf 10. April 2018).

nen, aber keine Archive. Es gibt inzwischen hunderte von Suchmaschinen[59] für alle erdenkbaren Fachgebiete. Dabei muss dem Nutzer bewusst sein, dass fast alle Suchmaschinen auch ein Datenstaubsauger sind und die Nutzerdaten für andere Anbieter sammeln und vermarkten. Wer dem entgehen will, muss nach anonymen Suchmaschinen[60] greifen. Doch beschränken sich die meisten Recherchen weltweit auf nur fünf Suchmaschinen, unter denen wiederum der Anteil Google sage und schreibe mehr als 92 Prozent aus macht.[61] Es fehlen den Ergebnissen die Systematik der Erschließung, erkennbare Priorisierung der Auswahl und die einordnenden Metadaten. Gerade das digitale Zeitalter also verlangt nach noch mehr fachkundiger Dokumentation, damit die gewaltigen digitalen Archivbestände ein funktionierendes Gedächtnis unserer Welt bleiben können.

---

59 Umfangreiche Auflistungen findet man unter https://www.netprofit.de/blog/suchmaschinen-listen.html (Aufruf 11. April 2018).

60 Hinweise auf anonyme Suchmaschinen unter https://www.br.de/puls/themen/netz/anonyme-suchmaschinen-110.html (Aufruf 11. April 2018).

61 https://www.luna-park.de/blog/9907-suchmaschinen-marktanteile-weltweit-2014/ (Aufruf 11. April 2018).

Ein Blick in die Praxis: Zum Russland-Bild in deutschen Medien

Zur Einstimmung auf den wahrnehmbaren Wandel des Russland-Bildes[62] in den deutschen Medien greife ich illustrativ auf einige Schlagzeilen und Buchtitel zurück, die charakteristisch für den Umgang mit den jeweiligen politischen Spitzenvertretern der Sowjetunion bzw. Russlands seit der Perestrojka stehen. Beginnen wir aktuell mit Putin:

Mit Putin kehrt Russland zum Kalten Krieg zurück.
(Die Welt 4.9.2013)
Putin go home. Berlin protestiert gegen Schwulenhass.
(Die Welt 31.8.2013)
Gulya Sultanowa: *Überall in Russland werden Menschenrechte verletzt.*
(DR Kultur Online 22.8.2013)
Massenproteste in Russland gegen Putin.
(rtr 11.12.2011)
Putin will Panzer statt Reformen.
(Süddeutsche Zeitung 20.2.2012)
Der Mann ohne Gesicht: Wladimir Putin. Eine Enthüllung.
(Masha Gessen, 2012)
Putin kaputt!?: Russlands neue Protestkultur.
(Mischa Gabowitsch, 2013)
Mafiastaat: Ein Reporter in Putins Russland
(Luke Harding/Luisa Seeling, 2012)

---

[62] Dieser Beitrag hat noch nicht den Krieg in der Osturkaine und die Annexion der Krim berücksichtigen können. Seither sind die Schlagzeilen über Putin und Russland noch deutlich negativer geworden.

Das System Putin:
Gelenkte Demokratie und politische Justiz in Rußland
(Margareta Mommsen/Angelika Nußberger, 2009)

Vor ihm war die Ära von Boris Jelzin, die sich mit folgenden Titeln in der deutschen Wahrnehmung charakterisieren lässt:

Boris Jelzin: Vom Helden zur Witzfigur.
(eine 72-teilige Bilderfolge, aktuell noch ntv)
Zwischen Krankheit und Küchenkabinett.
(Die Welt 3.1.2000)
Jelzin: der Mann mit der Axt.
(Süddeutsche Zeitung 19.5.2000)
Viel von dem zerstört, was er erreicht hat.
(Standard 27.4.2007)
Russland in Aufruhr. Innenansichten aus einem rechtlosen Land.
(Christian Schmidt-Häuer, 1993))
Betrogenes Rußland. Jelzins gescheiterte Demokratie.
(Dirk Sager, 1996)
Russland wilde Jahre. Der neue Kapitalismus in der Ära Jelzin.
(Klaus Heller, 2016)

Ganz im Gegensatz dazu stand und steht die Euphorie der deutschen Medien während der Gorbatschow-Zeit:

Gorbatschow: Hoffnungsträger und Wahrheitsbringer.
(Frankfurter Allgemeine Zeitung 12.07.2011)
Gorbatschow: Noch als Gescheiterter erfolgreich.
(Frankfurter Allgemeine Zeitung 2.3.2011)
Gorbatschow: Treue über den Tod hinaus.
(Süddeutsche Zeitung 20.11.2011)
Gorbatschow: Der Drachentöter.
(Zeit online 14.4.2013)

Und unter den inzwischen Hunderten von Büchern über Gorbatschow lässt sich nur ein eher kritisch formulierter Titel mit indirektem Bezug zu Gorbatschow finden:

Große Verlierer: Von Goliath bis Gorbatschow
(Wolfgang Schneider, 2006)

Um dem Entstehen solcher Schlagzeilen und Buchtitel gerecht zu werden, muss man ein wenig die Vergangenheit bemühen. Wenn wir also heute zum „Russlandbild der Deutschen – Unwissenheit oder Medienprägung“ einige Bausteine zusammenfügen, dann gehört bei mir dazu ganz sicher ein Blick zurück in meine Schulzeit. Denn ich bin erzogen worden von der Erlebnisgeneration jener Soldaten, die unter Hitler gedient und am Krieg gegen Russland teilgenommen haben. Deshalb greife ich zurück in die Mitte der 1960er Jahre, in mein Gymnasium in Norddeutschland. Wir behandelten den Zweiten Weltkrieg. Unser Gemeinschaftskundelehrer war Panzerleutnant im Russlandfeldzug gewesen. Offensichtlich hatte er noch nichts wirklich verarbeitet. Denn er redete sich in Rage über die Panzerschlacht bei Orel (Opëл). Seine Anmerkungen zu den damaligen Erlebnissen gipfelten in dem Satz: „Dann haben wir vor das Panzerrohr eine Mündungsbremse geschraubt und dem Russen eine vor die Fresse geballert...“

Die Klasse johlte. Ich hob die Hand und fragte: „Haben Russen eine Fresse?“

Erst Schweigen, dann die Vorwärtsverteidigung:

„Du wirst noch erfahren, was die Russen wirklich sind. Warte mal, bis sie zu uns kommen.“

Solange wollte ich aber nicht warten. Ich entschloss mich, selbst in den Osten und auch zu den Russen zu gehen und zu erfahren, was sie für Menschen sind. In der Schule lernte ich, dass der Russe für den bedrohlichen Osten schlechthin stand. Nur: ich fühlte mich persönlich überhaupt nicht bedroht.

Von meinen Eltern hatte ich gelernt, dass Bedrohungen in der Regel Angstreaktionen sind. Und dass man durch entkrampfte Kommunikation wesentlich zum Abbau der Angst, mithin also auch zum Abbau der Bedrohung beitragen könne. Man müsse nur, so haben es mir meine Eltern beigebracht, den Anderen in seinem Anderssein zunächst akzeptieren und durch Fragen herausfinden, warum und wodurch wir uns unterscheiden.

Darin hat mich auch ein anderer Lehrer bestärkt, ein Mathematiklehrer. Er gehörte zu jenen deutschen Kriegsgefangenen in der Sowjetunion, die entlassen wurden zusammen mit der Auflösung jener Gulags, in denen auch die Stalin-Verfolgten saßen. Von diesem Lehrer hatte ich ein ganz anderes Bild: Er hatte in jenen Jahren gut Russisch gelernt, er hat das Leid der Kriegsfolgen mit all jenen Russen geteilt, mit denen er die Nachkriegsjahre in der Sowjetunion durchlebt hatte. Und er brachte uns bei, wie sinnlos ein Krieg gegen ein Volk gewesen sei, das in der historischen Kenntnis von Deutschland und in seiner Liebe zur deutschen Kultur für ihn beispielhaft war. Und dies lernten wir sozusagen nebenbei im Mathematikunterricht.

Und dann studierte ich – trotz der Warnung meiner Lehrer, ich sei nicht in der Lage, eine fremde Sprache zu lernen – Slawistik, Balkanologie und Ost- und Südosteuropäische Geschichte. Meine Studienzeit fiel ziemlich genau mit der Phase der Ostpolitik unter dem Willy Brandt und Egon Bahr zusammen. Doch meine Euphorie wurde von zwei Faktoren gedämpft:

Erstens studierte ich mit vielen Exil-Russen, Exil-Ukrainern, Exil-Polen, Exil-Tschechen, Exil-Slowaken und so weiter zusammen. Man darf nicht vergessen: Die gewaltsame Beendigung des Prager Frühlings von 1968 lag noch nicht so weit zurück und München war einer der wichtigsten Sammelstellen der geflüchteten tschechischen und slowakischen Intelligenz ebenso wie ein Zentrum der Exil-Russen und Exil-Ukrainern. Letztere betrieben sogar eine eigene Exil-Universität in München. Die amerikanischen Sender Radio Liberty und Radio Freies Europa hatten ihren Sitz in München: Der eine für die russische und der andere für die übrigen osteuropäischen Sprachen im kommunistischen Machtbereich. Und das Umfeld dieser Emigranten blieb auch an der Münchner Universität nicht ohne Auswirkung.

Zweitens aber war die Zeit noch nicht reif für das, was ich mir eigentlich vorgestellt hatte. Trotz Moskauer Vertrag hingen die Kulturabkommen über einen Studentenaustausch in der Luft, weil man sich nicht auf die Einbeziehung von West-Berlin einigen konnte. Also blieb Moskau für einfache Studenten zum Studium noch verschlossen. Nur als Tourist konnte ich einige Landesteile bereisen.

1983 kam ich dann als Korrespondent nach Moskau und erlebte die Zeit der Agonie unter den schwer kranken Generalsekretären Andropow und Tschernenko. Beide traten kaum noch öffentlich auf. Wir konnten im Wesentlichen deren Reden zitieren, die von Sprechern im Fernsehen verlesen wurden. Gesprächspartner in Moskau hielten sich in ihren Einschätzungen zurück. Inzwischen wissen wir aus den Politbüro-Protokollen und der Memoirenliteratur, welcher Machtkampf hinter den Kulissen stattgefunden hatte. Die eher etwas spröde politische Berichterstattung ergänzte ich daher vor allem durch landeskundliche, historische und kulturelle Reportagen.

Jetzt können Sie vielleicht verstehen, welche Zäsur in der Berichterstattung und damit auch in der medialen Wirkung das Auftreten von Michail Gorbatschow hatte. Dies wurde erstmals der breiten Öffentlichkeit im März 1985 bewusst, und zwar bei der Beerdigung von Gorbatschows Vorgänger Konstantin Tschernenko. Die Luft schien gefroren, doch wir Korrespondenten hielten tapfer mit Kameras und Mikrofonen unterhalb vom Politbüro beim Leninmausoleum aus, um dann eine Sensation zu erleben. Eher emotionslos betrauerte Gorbatschow seinen Vorgänger. Was dann folgte, waren massive rhetorische Verstöße gegen das Protokoll der kommunistischen Rituale, ein Schock für die Nomenklatura. Gorbatschow wetterte in seiner ersten öffentlichen Rede als Generalsekretär plötzlich über die verlogene, heuchlerische Gesellschaft im Land. Er schwang die Peitsche weitreichender Drohungen: Lügner müssten bestraft und Nichtstuer zur Arbeit angehalten werden.

Die Reaktionen, die ich als Reporter auf der Straße einfing, waren ziemlich einmütig: „Der Mann kann freisprechen. Er muss nicht jeden Satz ablesen. Er sagt offensichtlich, was er denkt.“ Mit Gorbatschow kam Sprache als medialer Befreiungsakt, Sprache als politische Autorität, Sprache als Mittel der Politik. Dabei spielte es keine Rolle, dass Gorbatschow eine eher einfache Sprache und – wie Sprachwissenschaftler inzwischen erforschen – oft falsche Metaphern und falsche Wortakzente benutzte. Es ging eher um die Enttabuisierung der formelhaft-gestanzten Parteisprache. Dies wirkte sich in den russischen Medien aus und wurde damit auch als positive Entwicklung von uns in die deutschen Medien transportiert.

Warum aber wirkte in der Sowjetunion die Perestrojka in erster Linie als sprachlicher Aufbruch, der von den Medien getragen und im Westen nahezu euphorisch begleitet wurde? Die weißen Flecken der Geschichte wurden kommuniziert, verbotene Literatur publiziert.

Dies sind Ereignisse, die heute vielleicht schon vergessen sind, die aber für die positive Wahrnehmung der Gorbatschow Zeit unter uns Korrespondenten eine wichtige Rolle gespielt haben. Dazu kamen etliche Abrüstungsinitiativen, die Überwindung außenpolitischer Blockaden, das Ende der Breschnjew-Doktrin über die begrenzte Souveränität der übrigen Ostblockstaaten und letztlich die

Zustimmung von Gorbatschow zur Vereinigung der beiden deutschen Staaten.

Im Klartext: Der gesamte Westen – und mit ihm Deutschland – hat von Michail Gorbatschow profitiert. Doch was sich im Inneren der Sowjetunion an Widersprüchen in dieser Zeit entwickelte, wollten wir – ehrlich gesagt – in unseren westlichen Medien nicht so genau wahrnehmen.

Die vielen Auftritte von Michail Gorbatschow und sein Bemühen, mit den Menschen vor laufenden Fernsehkameras landesweit ins Gespräch zu kommen, konnten nicht verbergen, dass es wirtschaftlich in der Zeit von Glasnost und Perestrojka weiter bergab ging. Während der Westen über Gorbatschow jubelte, mussten in unterversorgten Regionen der Sowjetunion wieder Bezugsscheine für Lebensmittel eingeführt werden. Dies wiederum verschaffte einem anderen Ausdruck eine ungeheure Resonanz: Gorbatschow wurde im Volksmund bald als „Schwätzer" verunglimpft. Der entsprechende Ausdruck boltat' (болтать „schwatzen, schwadronieren") galt als angemessene Beschreibung seiner politischen Auftritte. Wenn ich darüber berichtete, glaubte mir unser Publikum nicht ohne weiteres, was ich da schilderte. Schon früh habe ich über das voraussichtliche Scheitern der Perestrojka Beiträge veröffentlicht, um zu zeigen, dass alle Hoffnungen auf einen positiven Verlauf dieser Entwicklung an einem dünnen Faden hingen. Zwei Faktoren haben meines Erachtens dann dieses positive Medienbild der Gorbatschow-Zeit bei uns gestört, um nicht zu sagen beschädigt:

Erstens die Auseinandersetzung und der Machtkampf zwischen Boris Jelzin und Michail Gorbatschow, die von einer Phase gegenseitiger Erniedrigungen und Schmähungen begleitet wurde und heute noch in der Memoirenliteratur beider Protagonisten nachzulesen ist.

Und zweitens das militärische Eingreifen im Kaukasus und im Baltikum bei den nationalen Unabhängigkeitsbewegungen in der politischen Verantwortung von Gorbatschow, was zwischen dem April 1989 und dem Januar 1991 zu zahlreichen Toten geführt hat.

Der Putsch gegen Gorbatschow in Moskau im August 1991 wiederum, der den Zerfall des Staates beschleunigt hatte, führte in den westlichen Medien zu einer Art Glorifizierung von Boris Jelzin, der sich zwar den Putschisten widersetzt, aber dennoch Gorbatschow entmachtet hatte.

Mit dem Zerfall der Sowjetunion kam im Westen und damit auch in den Medien ganz generell eine Art Genugtuung. Man fühlte sich als Sieger im Kalten Krieg. Dieses Bild bestätigte dann der russische Präsident Jelzin, nachdem er sich vom erklärten Kommunisten zu einem erklärten Anti-Kommunisten gewandelt hatte. Die russische Außenpolitik suchte den Gleichklang mit dem Westen. Amerikanische Finanzberater strömten nach Russland. Man entdeckte neue Märkte und Möglichkeiten. Und die Präsidentschaft von Boris Jelzin machte es all jenen leicht, die mit Ellbogen und geraubtem Vermögen aus staatlichen Betrieben eine neue so genannte Ordnung aufbauen wollten.

Hier haben unsere Medien den proklamierten Freiheitsanspruch der Jelzin-Zeit oft nicht in Relation zu den innerrussischen Verwerfungen gesetzt. Oder anders ausgedrückt: Verfassungstheorie und Verfassungswirklichkeit klafften in der Berichterstattung weit auseinander. Doch dies wurde kaum gesehen und daher auch kaum kritisiert. Noch weniger wurde von unseren Medien wahrgenommen, dass Boris Jelzin die Verfassung mit Dutzenden von Ausnahmeverordnungen praktisch außer Kraft gesetzt hatte. Wir projizierten westliche Erwartungen auf seinen letzten Präsidentschaftswahlkampf, in dem Jelzin eigentlich zu einem Strohmann der Oligarchen und seines Familienclans geworden war. Erst als Boris Jelzin in den letzten eineinhalb Jahren seiner Amtszeit sage und schreibe sechs Ministerpräsidenten verschlissen hatte und mit einer Finanzkrise das Land sowie die meisten Privatsparer praktisch ruinierte, wurde auch in den westlichen Medien bewusst, dass in Jelzins Russland nicht gerade eine stabile politische Ordnung eingezogen war. Es war eher noch peinlich, dass die alkoholbedingten Aussetzer von Jelzin auf internationaler Bühne wahrgenommen und von den Medien süffisant verbreitet wurden.

Was die Medien jedoch zu beherrschen begann, war das Bild der „neuen Russen". Der neue Reichtum, der Geldtransfer in den Westen, das Gieren um immer größere Investitionen. Der neue russische Geldadel schlug sich in unseren Medien als Mischung aus Bewunderung und Abscheu nieder.

Und dann kam Wladimir Putin. Von Jelzin persönlich ernannt als Ministerpräsident, der dann in der Nachfolge selbst russischer Präsident wurde. Zwei Sachverhalte schlugen sich dabei im den deutschen Medien nieder:

Erstens die KGB-Vergangenheit Putins in Dresden.

Zweitens der Amnestie-Erlass Putins gegenüber Jelzin und seiner Familie für alle noch aufzudeckenden Unregelmäßigkeiten während Jelzins Präsidentschaft.

Die ungebremste Euphorie gegenüber Russland war aus den deutschen Medien verschwunden. Mit dem Ende der Jelzin-Ära wurde sein Namensgeber auch durchaus kritisch gesehen. Jetzt kam die Zeit neuer Fragestellungen und Analysen. Es war ein eher unsicheres Herantasten an Wladimir Putin, getragen von einer vorsichtigen Erwartung nach Stabilität, gepaart mit einem weiteren Aufbau demokratischer Strukturen. Hier hatte ganz sicher das sehr freundschaftliche Verhältnis von Bundeskanzler Gerhard Schröder zu Wladimir Putin in deutschen Medien seinen Niederschlag gefunden. Deshalb waren die deutschen Medien gegenüber Putin und dem von ihm geführten Russland während seiner ersten Amtszeit als Präsident nicht ohne Sympathie.

Es war bekannt, dass Putin seine beiden Töchter nach seinem Umzug von Sankt Petersburg in die Deutsche Schule in Moskau geschickt hatte. Verbürgt sind persönliche Lehrergespräche in der Deutschen Schule von ihm und seiner Frau. Dabei überraschte Putin mit seinen hervorragenden Deutschkenntnissen. Diese Nähe zu den deutschen Einrichtungen in Moskau endete, als Putin in die höheren Ämter aufstieg. Inzwischen gab es auf dem deutschen Buchmarkt schon Veröffentlichungen über Putins enge Beziehungen zu Deutschland.

Dann kam ein entscheidendes Medienereignis für Deutschland, der Auftritt des russischen Präsidenten Putin im Deutschen Bundestag am 21. September 2001. Eine Rede in deutscher Sprache. Es war eine Verbeugung vor der deutschen Kultur, ein Werben um die Besonderheit der deutsch-russischen Beziehungen. Applaus kam dafür aus allen Fraktionen. Dies war im Nachhinein wohl der Höhepunkt positiver Stimmungslage deutscher Medien gegenüber dem russischen Präsidenten Putin und seinem Land. Danach begann Putin, die staatliche Macht wie auch die Machtstellung des Präsidenten zu konsolidieren – und zwar gegen jene, die ihm eigentlich zur Macht verholfen hatten, gegen den erweiterten Jelzin-Clan und die Oligarchen. Dabei ging es einerseits um das politische Machtverhältnis zwischen Zentrum und Peripherie (Föderalreform) und andererseits um das wirtschaftliche Machtverhältnis zwischen Oligarchen und staatlichen Institutionen. Dazu gehört der Prozess gegen Michail Chodorkowski und die Zurückdrängung der Oligarchen aus den Medien, die weitgehend einer staatlichen oder staatsnahen Kontrolle unterstellt wurden.

Hier setzt nun meines Erachtens der mediale Bruch im Russlandbild gegenüber Putin ein. Zunächst machte man sich im Westen eher lustig über den Begriff der „Machtvertikale", wunderte sich über den eigenwilligen Aufbau der Parteienstruktur mit einer auf Putin zugeschnittenen Parteiengründung („Einiges Russland"). Das Verhältnis Putin zu Dmitri Medwedew und der zweimalige Amtswechsel zwischen beiden erschien dann den Medien wie ein abgesprochenes Machtspiel.

Die wirkliche mediale Verhärtung gegenüber Russland setzte jedoch mit der jüngsten Präsidentschaft Putins in Nachfolge von Medwedew ein, bei der selbst wohlwollende westliche Politiker oft achselzuckend meinten, sie verstünden nicht mehr, was Putin wirklich vorhabe.

Stichpunkte sind das Strafmaß gegen Pussy Riot, das gesetzlich verankerte Verbot, Homosexualität gegenüber Minderjährigen zu thematisieren und die Meldepflicht „ausländischer Agenten" von Nicht-Regierungsorganisationen, die vom Ausland unterstützt werden, sowie die Kontrollmaßnahmen gegen ausländische Vertreter und Stiftungen. Hinter all dem wurde und wird in den westlichen Medien die steuernde Hand des Präsidenten gesehen. Für alles kann man auf russischer Seite befürwortende oder kritisierende Stimmen hören. Die deutschen Medien jedoch reagieren in ihrer publizistischen Wahrnehmung mehrheitlich auf Protest, Demonstration, Opposition, egal wie groß diese Bewegung im Verhältnis zur Gesamtbevölkerung auch sein mag.

Natürlich gibt es immer wieder Befragungen zum Russlandbild der Deutschen und zum Deutschlandbild der Russen. Als eher gefühlte Größe meiner eigenen Erfahrungen nehme ich an, dass das Deutschlandbild der Russen weniger großen Schwankungen unterliegt als umgekehrt. Derzeit jedenfalls bewerten die Medien in Deutschland die Vorgänge in Russland eher zurückhaltend als euphorisch, eher negativ als positiv.

Andererseits ist gerade Deutschland eines der großen Migrationsländer für Bürger aus der ehemaligen Sowjetunion. Viele der zugewanderten jungen, akademisch gut gebildeten Menschen tragen zur öffentlichen Meinungsbildung über Russland in den deutschen Medien bereits bei wie Tim Neshitov bei der Süddeutschen Zeitung, Julia Smirnova bei der WELT, Wlada Kolosowa beim SPIEGEL, Julia Smilga beim BR und viele andere. Ganz generell gilt aber für das Medienbild eines Landes – und das gilt natürlich auch für Russland – das wir uns stets zu eng an den jeweiligen Spitzenfiguren der Politik orientieren. Es gibt also das Gorbatschow-Russland, das Jelzin-Russland, das Putin-Russland so wie es ein mediales Bush- oder Obama-Amerika bei uns gibt. Doch diese mediale Wahrnehmung, das muss ich selbstkritisch sagen, wird keinem Land – und erst recht nicht einem so riesigen Vielvölkerstaat wie Russland – gerecht. Es ist sicher mühseliger, sich auf die Geschichte, Kultur, Geographie und nationale Vielfalt Russlands einzulassen. Aber dabei entsteht ein genaueres Bild, das auf Dauer für die deutsch-russischen Beziehungen tragfähiger ist als die alleinige Fokussierung auf Alltagspolitik und Präsidentenköpfe. Daran zu arbeiten, halte ich für eine wichtige Herausforderung an alle Medien auf beiden Seiten.

Ein Blick über die Grenzen: Media Change in Eastern Europe

„Once upon a time. . ."

That's the beginning of every tale.

„Once upon a time. . ." might be the beginning of my story as a correspondent in the former Soviet Union and the Balkans. When I started, there was no Internet, no cell phone, no e-mail, no social network, not even satellite TV. There was just an ordinary telephone line, and a telex-machine where you could type and send ten to fifteen words a minute. For a telephone connection from Moscow to Germany one had to wait between four and 24 hours. If I wanted to leave Moscow for a trip out-side of the city, I had to apply 48 hours in advance at the Ministry of Foreign Affairs. Streets I could use were limited and any contact with private citizens was under strict control. Not only in the Soviet Union but elsewhere in the Communist world, people should listen, read and see what was approved by the Party.

Once upon time. . . I hope, those memories sound for you like tales from another world which doesn't exist anymore. Because today more than 50 percent of your age are using the internet not only within the social networks, but also as a source for news and newspapers, radio and TV. That will be the subject of many of our papers and discussions during the next time.

But let's go back to the beginning of the biggest political change, the cornerstone of all recent media developments in Eastern Europe, almost 25 years ago: The Fall of Communism. Three out of eight states of the Communist world disintegrated, that is, they fell apart. Only Albania, Bulgaria, Poland, Rumania and Hungary – these five states – could preserve their borders and territorial integrity.

In the same period of time, war broke out in the area of Moldova, Tajikistan, Yugoslavia, Chechnia, later on in Georgia and finally in Ukraine. Other conflicting areas like Nagorno-Karabakh, the Armenian enclave in Azerbaijan, are not at peace yet. Up till now 28 new single independent states have appeared on the map, most of them in Europe. Not all of them are internationally accepted like Приднестровье (Transnistria), Южная Осетия (South Ossetia), Абхазия (Abkhazia) and Kosova. Even Kosova is not internationally accepted by all members of the European Union, not by: Greece, Romania, Slovakia, Spain and Cyprus. Former Yugoslavia is now divided into seven independent states. Two of them are members of the European Union and Nato: namely, Slovenia and Croatia. Also Czechoslovakia divided into two new independent states, the Czech Republic and Slovakia, both members of the EU and Nato as well. And the fall of the Soviet Union created at first fifteen independent states, followed by the separation of four other political units under Russian pressure, including Crimea.

What does all this mean for our subject today, for the media change in Eastern Europe? It means a lot. Because the media – like radio, television, newspapers, magazines, agencies – are, more or less, transmitters and translators, interpreters of political, economic, social and cultural events – for the public and for society. This has its influences within and outside of our countries. In general, we have to differentiate between three levels of change:

Media and the creation of a post-communist society by preserving the integrity of a state, like Poland or Romania.

Media and the creation of independent states plus a post-communist society at the same time, like Estonia or Ukraine.

Media and societies at war, including the formation of a post-war and a post-communist society, like Croatia or Bosnia. In any case: The change of media was a big challenge for those who lost power and for those who gained power.

But, like always in life, some influential people and social groups just slipped from one side to the other. However, the so-called East-Central European countries which are now members of the European Union – like Poland, the Czech Republic, Slovakia, Romania and so forth – took a path towards pluralistic mass media. After the fall of Communism, investors from Western Europe, most of them from Germany, reached out for the Eastern parts of Europe. They either bought well-known newspapers like *Népszabadság* in Hungary or *Politika* in Serbia and prepared them for the market economy. Or they invented newspapers like *Fakt* in Poland, a copy of the German tabloid *BILD-Zeitung*, or *Dziennik* also in Poland, a copy of *Die Welt* in Germany.

In a major study about *Media in Eastern Europe* you can find a figure which might suprise you: I quote:

„85 percent of the media market in Eastern Europe is controlled by foreign investments. Among these investments Germany is the biggest investor with 75 percent."[63]

The authors bring up some details which I'd like you to know: In Prague, the capital of the Czech Republic, only one newspaper is owned by a Czech publisher: The former communist party newspaper *Rude Pravo*. The biggest owner of Czech newspapers is a regional Bavarian publisher from the city of Passau, *Passauer Neue Presse.*

Another example from Poland: 50 percent of all magazines in print are owned by three German publishers: Springer, Bauer, Gruner & Jahr.

And yet another example from Hungary: 75 percent of the print market is under the control of German publishing houses, especially from the *WAZ, Westdeutsche Allgemeine Zeitung.*

Interestingly enough, already during the existence of the Soviet Union, the Russian edition of *Burda Moden* from Germany became one of the most popular magazines, starting in 1987 during the period of glasnost and perestroika. Unfortunately,

---

[63] Marc Stegherr/Kerstin Liesem: Die Medien in Osteuropa, Wiesbaden 2010, 193.

Russia is presently reversing this process. Not only is the state's influence growing continuously, but a brand new media law limits foreign investments to no more than 20 percent.

The survival of newspapers and magazines in a market economy depends on advertisement on the one hand and/or on investments on the other. Frankly said: It has to do with money and profit. However, after some years of enthusiasm about foreign investors, now you can hear more and more critical voices, especially concerning the Balkans: There are two kinds of complaints:

1. From inside the countries: Foreign investors care too much about profit, and too little about independent und professional journalism.

2. From outside the countries: Journalists in Eastern Europe are not used to working independently, but they fulfill too often expectations from politicians and pressure groups. This means: they can be bribed.

At a conference this year of the Friedrich Ebert Foundation, one of the leading figures among the German investors, Bodo Hombach, said: „I have experienced in Southeastern Europe, that one can still buy the opinion on a newspaper's frontpage."[64]

You can even hear complaints, for example, from Bulgaria that there is no independent newspaper left, but everything is under the control of competing political and economic pressure groups. This is the sad conclusion of various observers and foreign correspondents.

Let's change the perspective: With the fall of the Soviet Union, not all of the new independent states took the same political path. As you know, the Baltic States – Estonia, Latvia and Lithuania – became members of the EU and Nato. But Russia and other former Soviet republics did not move towards a market

[64] http://www. deutschlandradiokultur. de/deutsche-und-auslaendische-zeitungsverlage-in-osteuropa. 1013. de. html?dram:article_id=165076, (Aufruf 18. 09. 2014).

economy, political pluralism and independent legal rulings. Oligarchs took over. They controlled natural resources as well as newspapers, TV and radio stations. An equal market competition and truly independent, but influential mass media were not possible. An interdependence developed between oligarchs, politics and the media: As long as the oligarchs went along with the ruling political forces, they could keep their money and financial influence. Therefore, the media they owned were not too critical about the political power. Even more: Under Boris Yeltsin, the oligarchs used their influence on the media to reinstall the president by an enormous election campaign. I won't go deeper as to the reason for this development. But my impression is: Some of the Western influence, especially the American influence, under the presidency of Boris Yeltsin, led to an enormous national and even nationalistic reaction from the Russian side. This is quite obvious in Russia under Putin: There is a permanent increase in the state's influence on the electronic media as well as on the media in print.

By our democratic standards, the media is an independent power – besides executive (government and public administration), legislative (parliament) und judicative (jurisdiction). In Germany we have a saying: The media is the fourth branch of power. In a word: The media not only reports about politics, but comments, criticizes and even controls political power. But the media neither obeys nor serves the political power.

Let´s now talk about electronic media, first of all about radio and TV. In all East European countries before the political change, there were State Committees to run and control electronic media. These State Committees decided about the financial sources, the human resources, the programming and the content. Even more than newspapers, radio and TV were the direct link to ideological education. This you find worldwide in many states with an authoritarian regime. The reason is quite understandable: Radio and TV touch the emotions more than the written text. Many recipients believe that videos prove the authenticity of an event more than a description in a newspaper or magazine. I remember very well the time, when the Soviet TV-correspondent in Germany was not allowed to show shop windows and brand new cars. Instead he was to show the negative side of capitalistic society, such as: homeless people, demonstrations or environmental damage. When you look at Russian TV stations nowadays, you'll find a lot of soaps, movies, talks and shows like everywhere in the world. However, when you look at news programs, especially *Rossiya 24* or *Russia Today* in English, you get the impression of one-sided information mixed with commentaries and emotional assessments. According to a Russian official, in comparing Ukrainian and Russian TV news, one cannot say what really is the truth.

In contrast: When you check the enormous amount of TV channels from Poland or the Czech Republic today, you might find it confusing. But at the same time, you'll find a large selection of independent information and critical commentaries towards their own governments. Outside of Russia, the fall of communism in Europe was also a setback for the former state-controlled electronic media like radio and TV. Unfortunately, the idea of a public service in Eastern Europe like the *BBC* in Great Britain or the *ARD* in Germany has not taken place on the whole. In Hungary or Romania, Bulgaria, Serbia or Bosnia – the ruling parties and the government still today have a tendency to control public TV and radio stations. On the other hand, more and more private stations are drawing the attention of most of the people now.

Those TV stations are very often founded and formed from Western TV stations. The biggest TV channel in Hungary is *RTL Klub*, 80 percent owned by the RTL Group in Luxembourg. Furthermore, RTL runs seven additional TV stations in Hungary and four other TV stations in Croatia. But *RTL 7* in Poland was bought by a Polish media company. For your background: The name RTL *Radio and Television Luxembourg* might mislead you. The majority of this group is owned by a German media enterprise, named *Bertelsmann*.

To repeat in short: The change of media in Eastern Europe brought a significant influence of foreign, mainly German investment, in print as well as in electronic media. As you remember, I mentioned the different levels of media change:

Media and the creation of a post-communist society by preserving the integrity of a state, like Poland or Romania.

Media and the creation of an independent state and a post-communist society at the same time, like Estonia or Ukraine. And last but not least: Media and societies at war, including the formation of a post-war and a post-communist society, like Croatia or Bosnia.

The biggest problem for media is always: the conflict period shortly before war breaks out; then during the war; and finally in the post-war period. I´d like to demonstrate this with examples, I've experienced myself. As a correspondent I covered the fall of Yugoslavia for many years: During this time all sides used – and often abused – mass media for psychological warfare. This shows, time and time again: The first casualty of war is truth. I made an interesting observation, earlier in Afghanistan in the 1980s, and later on in Yugoslavia in the 1990s: First, the transmitters for TV were bombed and destroyed. And also the transmitters for FM radio. In addition, it was no longer possible to print and distribute newspapers. The only remaining media news source was AM radio, because one does not need a large transmitter. One does not even need electricity from the socket for radio reception. Simple batteries are enough. And there are even radios with a small crank for generating power. There was only the beginning of satellite TV. Normal citizens couldn't yet afford the new technology.

However, as correspondents we got our first satellite telephones for reporting. A suitcase weighing 36 kilogramms! To fix the satellite dish for one telephone call, it took sometimes more than an hour, depending on your position in the field.

In short: The conflicting parties could – more or less – control the media. In this period of time I remember a talk with Franjo Tudjman. He fought for an independent Croatia and became its first president. He was quite clear: "Croatian media have to fight on my side", he said. "That's their national duty. First we have to win the war. Then we can discuss democratic values. And only then can we discuss the freedom of the press."

My point of view in this respect is also very clear: Media and journalism never have national duties. Media and journalism never work as an instrument of political power or for any party: neither during a war or crisis nor in peaceful times. In my opinion, all this is abuse of media and journalism. Once you are an instrument of politicians and their aims, you can not control them anymore, you can not criticize them anymore, you can not comment on them.

The sad truth is: During the media change in the south of Eastern Europe, sometimes just the opposite happened. And this happens in Western democratic states as well. We must all be sensitized to the fact that the media and journalism can be abused, at anytime and everywhere.

On our way from the old media to the new digitized world of the new media, there was something in between: Satellite TV. As soon as the first satellite programs were available one noticed: The footprint of a satellite program does not fit to any state border. There was always an overspill effect. The communist world complained. Their argument: The overspill of Western programs is nothing but political influence through a new media, through satellite TV. The Soviet Union wanted to create a World Information Order with the help of the United Nations to keep foreign satellite programs out of the country. But at the same time, political change took place. And this problem was overrun by other technical developments. By the Internet, by computer and smartphones. Now, really the whole world information system changed rapidly. Our colleagues from Ukraine know much better than everybody else the enormous influence of the internet during the Maidan-crisis 2013/14. On the internet not only platforms for information emerged, but new, independent TV programs like *Hromadske TV* were established. But, much of the internet news cannot be checked out or verified. The internet can be easily used for manipulation. Very often, no one knows the source, when suddenly videos appear on the screen. Often the places of recording cannot not be identified. Often the people in the videos cannot be identified: their nationality, on which side they are fighting, whom they belong to. All this can be misinterpreted. In addition, you can easily download the video with an incorrect text. And you believe what you see, although image and text do not belong together. It is quite difficult when the national question plays a role. Who can really recognize the nationality of a person? And very often uniforms may be fake. It happens again and again. You yourself must remember the so-called little green men (Russian: зелёные человечки, Ukrainian: зелені чоловічки) who appeared in Crimea in February 2014. Therefore, in a war, media can be part of the conflict. This can be TV, radio, newspaper. The internet is just another source. And it must be analyzed as critically as other media. Let's return now to some general aspects of my remarks. From today's perspective, the situation is as follows: Most of the former socialist states have established independent media. And the free market is functioning. Practically, media laws were adopted everywhere. But: Not everything went well at first:

There were protests by the OSCE about the media law of 2008 in Romania.

There were protests inside the country as well as all over the European Union about the new media law in Hungary recently.

In Croatia there was harsh criticism that dirty money had been hidden in the media. Therefore, a new law was enacted in 2011. Basically, a leftover of governmental influence is still visible.

Mainly the electronic media of radio and television are in question. Especially those which worked under state influence before the fall of communism. However, print media seem less affected by political influence. First of all: Most of them don't belong to any state institution anymore. Second: Very often, investors from abroad took the risk for the newspaper market. And their aim is pure financial profit, but not political criticism from either side. Third: The range and influence of newspapers is more and more limited. The access of new countries in Eastern Europe to the European Union also depends on whether there is free competition in the field of mass media. The Council of Europe has also set rules. Thus, the independence and pluralism of the media shall be guaranteed. This also applies to Russia and Ukraine. But the Council of Europe cannot exert direct pressure on its members. This the European Union can realise. So we have to distinguish two important levels of countries and their media development:

First, states which are already members of the European Union or which are going to prepare to become members of the EU. Those states have accepted the Copenhagen criteria for their mass media. For example: The media must stand firm to the criteria of market economy – except for public radio and TV. The media must be run by pluralistic and democratic rules.

Second, states which practice more or less open influence on media, especially on radio and TV. This applies to Russia, Belarus, but partly also for Ukraine. Therefore, Ukraine has gotten a new media law. This is to convert state radio and television into a public organization. The European Broadcasting Union helps with some experts in debating the new media law. Together with Ukrainian specialists they are launching new structures for a public Ukrainian Radio and TV organisation.

Allow me a personal thought: Why do I believe in public radio, internet and TV? Why do I try to help in Eastern Europe to transform state organisations into public organisations? The reason is quite simple: I am in favour of non-profit journalism. This journalism gives room for all political, economic, social and cultural events from all different perspectives. And this excludes any governmental influence. Just the opposite: The state and the ruling government should protect financially by law the independence of public media. At first glance, politi-cians might say: Why should I protect public, non-profit journalism which gives room for my opponents? In the long run, they must agree. It is for the advantage of everybody. Today in the government, tomorrow in the opposition. And both have equal access to public journalism. But the biggest profit is granted to the society, which gets information about government and opposition at the same time from the same source.

At the end of my short key note, allow me some remarks about the internet: It is quite difficult to find approved data about the use of the internet. There is constant development. But some general facts seem to be sure – so far:

The highest range of internet users is in Iceland[65] with 89 percent.

In comparison, Germany[66] has 88 percent.

The ranking list from Eastern Europe for 2014[67] showed the following data:

Estonia	80%
Czech Republic	73%
Latvia	72%
Poland	72%
Hungary	71%
Lithuania	69 %
Croatia	65%
Bulgaria	54%

Ukraine[68] is quoted with 39 percent.

But within a society, the use of the internet differs a great deal, depending on the age of users. The Commission of the European Union[69] published in 2012 some data which can help us to understand the aspect of younger and older generations using the internet inside the EU. This includes Poland, Romania, the Czech Republic, Slovakia, Bulgaria, the Baltic states and so on. As you can see, this data covers a large part of Eastern Europe.

---

65 http://de. statista. com/statistik/daten/studie/184636/umfrage/internetreichweite-anteil-der-nutzer-in-Europe/ (Aufruf 20. 09. 2014).

66 ebd.

67 http://de. statista. com/statistik/daten/studie/184636/umfrage/internetreichweite-anteil-der-nutzer-in-Europe/ (Aufruf 20. 09. 2014).

68 http://en. wikipedia. org/wiki/Internet_in_Ukraine (Aufruf am 20. 09. 2014)

69 http://ec. Europe. eu/public_opinion/index_en. htm (Aufruf 22. 09. 2014).

85 percent of the daily use of social networks is done by people, younger than 39 years old. 50 percent of the same group of people (under 39 years) use the internet for information like news and electronic newspapers. 25 percent of this group use the internet for TV programs. And 90 percent (!) of this group under 39 years old use the internet for music and radio programs.

As I mentioned above, these statistics were good three years ago, and they are permanently changing. Interestingly enough, a larger part of Eastern Europe is included in this development and reflects the same level of internet use as the western part of the European Union. We should not forget: The internet started only in 1993 for public use, some two years after the fall of communism. Still more exciting is the development of Facebook, because Facebook was created in 2004, only ten years ago. The highest percentage of Facebook[70] users – believe it or not – live in Serbia:

	Users (in millions)	Inhabitants (in millions)	Users (in percent)
Serbia	3. 8	6. 9	55%

USA and GB follow:

USA	168	316	53%
GB	34	63. 3	53%
France	28	65. 9	42%
Germany	26	81. 2	32%

If you compare the scale of all countries in Eastern and South-Eastern Europe in absolute figures, Poland has the biggest community on Facebook with almost 11 million users. All other figures you'll find in the written version of my keynote:

[70] http://allfacebook. de/nutzerzahlen Facebook Nutzerzahlen vom 15. 06. 2013 (Aufruf 28. 09. 2014).

	Users (in millions)	Inhabitants (in millions)	Users (in percent)
Poland	10. 8	38. 5	28%
Romania	6. 0	20. 1	30%
Hungary	4. 4	9. 9	45%
Czech.	4. 0	10. 5	38%
Serbia	3. 8	6. 9	55%
Bulgaria	2. 6	7. 2	36%
Slovakia	2. 2	5. 4	40%
Croatia	1. 74	4. 3	40%
BiH	1. 42	3. 8	37%
Albania	1. 16	2. 8	41%
Lithuania	1. 16	3. 0	38%
Macedonia	0.98	2. 0	49%
Slovenia	0. 76	2. 1	36%
Estonia	0. 52	1. 3	40%
Latvia	0. 44	2. 0	22%
Moldova	0. 32	3. 1	10%
Monten.	0. 28	0. 667	42%

Russia, Ukraine and Belarus didn't use Facebook at this time that much:

	Users (in millions)	Inhabitants (in millions)	Users (in percent)
RSFSR	0. 7	143. 2	0. 5%
Ukraine (before Euromaidan)	2. 6	45. 6	6%
Belarus	0.5	9. 5	5%

The Russian network https://vk.com/ *VKontakte* plays a bigger role and claims to have all over Europe – including Russia – more than 100 millions users.

I´m sure, within less than ten years, the internet will be the main place for journalism as well as for media consumption. As

I´ve mentioned before: Publication on the internet must be checked as carefully as other sources. In case you know the source like BBC or so on, you can be sure that you'll get approved journalistic material. In case you find videos on YouTube[71] and you cannot identify the source, then you have to be very careful.

But the internet is not only a playground for possible falsifications, the internet can also uncover lies. In connection with the fighting in the Eastern part of Ukraine, Russia insisted for a long time, there were no Russian soldiers in Eastern Ukraine. But a Russian soldier named Aleksander S. published on instagram.com (Slogan: Capture and Share the World's Moments) some selfies, showing him in his uniform. The geodata was transmitted together with the upload of his pictures: The first photos were taken in a small village Voloshino in the south of Russia. The next two photos from the 5th and 6th of July already showed the geo-data from inside Ukraine.[72] You see: Even Mother Russia is now watched by Big Brother Internet. What a change of media!

---

[71] Online only since 2007.

[72] http://www. welt. de/politik/ausland/article130814052/Russischer-Kaempfer-fotografiert-sich-in-Ukraine. html (Aufruf 28. 09. 2014).

Zu guter Letzt: In eigener Sache

Der Geheimtipp unter Studierenden

Osteuropa-Experte Johannes Grotzky über seinen Weg in den Journalismus

Johannes Grotzkys Seminare sind für ihren einzigartigen Einblick in die Praxis eines Journalisten bekannt. Im Sommersemester 2018 bietet er die Übungen „Russische Medien und Medienpolitik im In- und Ausland“ sowie „Sprechen am Mi-krophon. Interviewtechnik und Moderation“ an. Er berichtet im Interview über seine Arbeit beim Bayerischen Rundfunk (BR) sowie an der Universität Bamberg und gibt Tipps für den Berufseinstieg.

Herr Dr. Grotzky, Sie waren Auslandskorrespondent und Leiter des ARD-Hörfunkstudios Südosteuropa, haben zwölf Jahre als Programmdirektor des BR gearbeitet, Bücher geschrieben. Was hat Sie dazu bewegt, Lehrveranstaltungen an der Universität Bamberg zu geben, statt in den Ruhestand zu gehen?

Ich bin ein etwas merkwürdiger Typ. Wir sind eine deutsch-amerikanische Familie. Meine Frau hat in den USA studiert und ich in Deutschland. Hier war mein Studium kostenfrei. In den USA hätte so ein Studium pro Studienjahr zwischen 40.000 und 50.000 Euro gekostet. Da dachte ich: „Verdammt nochmal, jetzt habe ich so eine Karriere gemacht, mit so einer guten Ausbildung, jetzt möchte ich der Gesellschaft etwas zurückgeben!“ Das ist ein Grund. Der zweite Grund ist, dass ich im Laufe meiner Karriere immer wissenschaftlichen Kontakt zu den Bereichen Slawistik und Osteuropaforschung gehalten habe, zum Beispiel durch meine Lehrtätigkeit an der LMU in München.

Und warum sind Sie von der LMU an die Universität Bamberg gewechselt?

Ich bin durch meine Radioarbeit mit dem Präsidenten der Universität Bamberg in Kontakt gekommen. Der hat mir das Angebot gemacht, hier zu unterrichten, besonders um mehr Praxisbezug einzubringen. Genau das mache ich seit dem Wintersemester 2012/13 auch, vor allem in meinen Seminaren. Damit bin ich sehr glücklich und möchte es auch noch weitermachen, so lange es geht.

Kann man Journalismus studieren?

Nein. Natürlich nicht. Man kann etwas über den Journalismus studieren. Aber die Praxis ist etwas völlig anderes. Was ich mit den Studierenden mache, sind zwei Dinge: Ich versuche, ihnen einen kritischen Blick auf den Journalismus zu ermöglichen; gleichzeitig möchte ich aber auch aus meiner eigenen Erfahrung heraus Tipps und Tricks vermitteln für die journalistische Arbeit.

Was war die größere Herausforderung: die Studierenden hier an der Universität oder die Politiker in Ihrer Zeit als Programmdirektor?

In einer Demokratie müssen im öffentlich-rechtlichen Rundfunk die verantwortlichen Menschen stets für die Unabhängigkeit des Programmes und gegen politische Übergriffe kämpfen. Es ist nicht immer politischer Druck, manchmal ist es auch ein wohlmeinendes: „Wir haben da ein tolles Parteiprogramm, da kannst du doch mal was bringen …" Auch dagegen muss man sich zur Wehr setzen und sich erst ein eigenes Urteil bilden, um die Unabhängigkeit zu wahren.

Das klingt ziemlich schwierig.

Das ist in der Tat anstrengender als jede Herausforderung, die mir meine Studenten bieten könnten. Was ich mir noch wünschen würde ist, dass die Studenten kampfeslustiger, diskussionsfreudiger und kritischer werden. Wenn ich das mit meiner Jugend vergleiche, haben wir es unseren Professoren wirklich nicht leichtgemacht. Wir haben Übungen gesprengt, weil wir mit den Inhalten nicht einverstanden waren.

Wie schätzen Sie die heutigen Studierenden ein?

Sie sind sehr brav und nehmen gerne und willig hin, was man ihnen anbietet. Die kritischen Fragen Wer, Was, Warum, die W-Fragen, fehlen mir häufig. Anstatt das Beste aus dem Professor herauszuholen, lässt man sich eher bedienen. Ich wünsche mir von den Studenten mehr Selbstbestimmung und Forderungen danach, was sie wirklich vermissen.

Was raten Sie Studierenden, die den Journalismus als ihr erklärtes Berufsziel nennen?

Wenn Sie eine konkrete Vorstellung haben von einem Beruf, wie zum Beispiel Auslandskorrespondent, dann verfolgen Sie genau dieses Ziel. Ich erzähle dabei gerne mein persönliches Beispiel. Nachdem ich in der Slawistik promoviert hatte, landete ich im Zeitungsarchiv im Bayerischen Rundfunk. Ich habe dort angefangen, Sendungen zu schreiben und diese anzubieten. Hat nicht funktioniert.

Wie haben Sie den Absprung aus dem Zeitungsarchiv geschafft?

Ich habe festgestellt, dass eine Stelle in Moskau freigeworden ist. Also bin ich zum Chefredakteur und habe ihm erzählt, dass ich Interesse habe. Er meinte, ich müsse dafür Redakteur sein und Russisch können; also aus dem Archiv heraus hätte ich keine Chance. Meine Antwort war: „Russisch kann ich, um Redakteur zu werden, müssen Sie mir helfen!“. Danach konnte ich meine bisherigen Arbeiten vorlegen, habe mich beworben und habe meine Chance bekommen. Er gab mir die Gelegenheit, mich in zwei Jahren als Redakteur und Korrespondent zu qualifizieren.

Sie raten also zur Eigeninitiative.

Genau, man muss den Mut haben, auf Leute zuzugehen. Wenn Sie Volontär sind und Arabisch sprechen – gehen Sie zum Chefredakteur und sagen Sie ihm, Sie wollen Korrespondent in

Kairo werden. Auch wenn das nicht von heute auf morgen klappt, Sie brauchen den Mut, das zu tun. Wichtiger ist aber: Haben Sie Fachwissen oder ein Fachstudium, mit dem Sie jemanden überraschen können? Jedes kleine Bisschen, das Sie neben dem normalen Studium an Erfahrung und Wissen erwerben, ist wichtig.

Der Bachelor oder Master alleine bringt nichts?

Leider nein. Auch ist eine gewisse Lust an Selbstdarstellung wichtig. Je stärker das Medium bildbezogen ist, umso mehr muss man dazu bereit sein. Jedoch sollte das den Berufswunsch Journalismus nicht verdrängen. Ich sage meinen Studenten immer: Sie sind nicht hier für meine Karriere, ich bin für Ihre Karriere hier. Holen Sie aus mir das Beste heraus, um weiter zu kommen. Sie müssen auch später Ihren Chefredakteur nicht bekämpfen, nicht seiner Meinung sein, aber Sie müssen ihn als Förderer anerkennen. Das hilft Ihnen weiter.

Das Interview führte Vitus Mayr, Mitglied der Facebook-Redaktion der Universität Bamberg.

Quellennachweis[73]

Warum Journalist werden?
(S. 15-24)
Vortrag am Institut für Journalismus,
17. September 2015, Universität Tiflis

Wie werden wir informiert?
(S. 33-46)
Vortrag am 24. Juni 2017, Bayerischer Club, München

An der Schwelle zur Praxis im Journalismus.
(S. 47-50)
Abschlussrede für die Volontärinnen und Volontäre des Kurses V 21 des Bayerischen Rundfunks,
30. September 2011, München

Medienkompetenz in der Journalistik.
(S. 51-63)
Tagungsbeitrag für das Jugendforum Petersburger Dialog,
06. Oktober 2015, Moskau.
Die Beispiele aus dem Internet wurden für dieses Buch aktualisiert.

Journalistische Ethik – Journalistische Standards.
(S. 65-76)
Vortrag auf der Tagung „Bildkorrekturen",
08. November 2014, Universität Bamberg

---

[73] Hier nicht genannte Kapitel sind als Originalbeiträge für dieses Buch geschrieben worden.

Wie sozial sind soziale Netzwerke?
(S. 77-86)
Vortrag anlässlich der Verleihung des Karl-Buchrucker-Preises der Inneren Mission, 26. März 2012, München.
Nachdruck in *epd medien* 35/2012, S. 29-32

Journalismus und Krisenberichterstattung.
(S. 87-93)
Überarbeitete Fassung. Erstveröffentlichung unter dem Titel „Medien im Konfliktfall" In: Grotzky, J: *„Mit welchem Recht kämpfen wir dort?" Beiträge zur Rolle der Medien in Kriegs- und Krisenzeiten.* Norderstedt 2011, 7-16

Embedded Journalism.
(S. 95-118)
Erstveröffentlichung in: Grotzky, J: *„Mit welchem Recht kämpfen wir dort?" Beiträge zur Rolle der Medien in Kriegs- und Krisenzeiten.* Norderstedt 2011, 85-105

Journalismus im „Kulturradio".
(S. 119-126)
Vortrag unter dem Titel „Was heißt hier eigentlich Kulturradio?" Evangelische Akademie Tutzing, 15. Juni 2012.
Nachdruck in *epd medien* 35/2012, 29-32

Archive – Gedächtnis des Journalismus.
(S. 127-131)
Vortrag auf der Tagung des Vereins für Medieninformation und Mediendokumentation unter dem Titel „Eine Welt ohne Archive, eine Welt ohne Gedächtnis". 18. April 2012, München.
Nachdruck in: *Info 7* 27 (2012), Nr. 3, S. 18-20

Ein Blick in die Praxis:
Zum Russland-Bildes in den deutschen Medien.
(S. 133-142)
Vortrag auf der Tagung "Russland und Deutschland", Russischen Haus, 17. September 2013, Berlin

Blick über die Grenzen:
Media Change in Eastern Europe.
(S. 143-157)
Vortrag auf der Tagung „The Political Potential of New Media", Universität Bamberg, 04. Oktober 2014

Zu guter Letzt:
Geheimtipp in eigener Sache.
(S.158-161)
Abdruck unter dem Titel „Der Geheimtipp unter Studierenden" in *uni.kat. Das Campus-Magazin der Otto-Friedich-Universität Bamberg. 01, 2018, 12-13*

Von demselben Autor:

(1978) Morphologische Adaption deutscher Lehnwörter im Serbokroatischen. München.

(1985, ^{4}1990) Gebrauchsanweisung für die Sowjetunion. München.

(1991) Herausforderung Sowjetunion. Eine Weltmacht sucht ihren Weg. München.

(1991) Konflikt im Vielvölkerstaat. Die Nationen der Sowjetunion im Aufbruch. München.

(1993) Balkankrieg. Der Zerfall Jugoslawiens und die Folgen für Europa. München.

(1996) Freiheit alleine macht nicht satt. Alltag in den Reformstaaten Osteuropas. (Hrsg.) Landsberg am Lech.

(2004, ^{3}2010) Schachmatt. Die letzten Jahre der Sowjetunion unter Michail Gorbatschow. Norderstedt.

(2009) Lenins Enkel. Reportagen aus einer vergangenen Welt. Norderstedt.

(2009, ^{2}2012) Fremde Nachbarn. Der Osten und Südosten Europas Ende des 20. Jahrhunderts. Norderstedt.

(2010) Grenzgänge. Spurensuche zwischen Ost und West. Norderstedt.

(2011) „Mit welchem Recht kämpfen wir dort?" Beiträge zur Rolle der Medien in Kriegs- und Krisenzeiten. Norderstedt.

(2013) Gelebte Geschichte. Gespräche mit Egon Bahr, Hans Maier, Charlotte Knobloch u.a. Norderstedt.

(2017) Beiträge zum Sprachwandel in Ost- und Südosteuropa. Norderstedt.

(2018) Tschernobyl. Die Katastrophe. Zeitgenössische Berichte, Kommentare, Rückblicke. Norderstedt.